# 如何在课堂上使用学习评估

（英）麦克·格尔森 Mike Gershon 著

# HOW TO USE ASSESSMENT FOR LEARNING IN THE CLASSROOM

## THE COMPLETE GUIDE

中国青年出版社
CHINA YOUTH PRESS
中青文传媒

**图书在版编目（CIP）数据**

如何在课堂上使用学习评估 /（英）麦克·格尔森著；白洁译.
—北京：中国青年出版社，2019.6
书名原文：How To Use Assessment For Learning In The Classroom：The Complete Guide
ISBN 978-7-5153-5559-7
Ⅰ.①如… Ⅱ.①麦… ②白… Ⅲ.①课堂教学—教学法 Ⅳ.①G424.21
中国版本图书馆CIP数据核字（2019）第061858号



## 如何在课堂上使用学习评估

作　　者：〔英〕麦克·格尔森
译　　者：白　洁
策划编辑：肖妩嫔
文字编辑：蒋晓晴
美术编辑：杜雨萃
出　　版：中国青年出版社
发　　行：北京中青文文化传媒有限公司
电　　话：010-65511270/65516873
公司网址：www.cyb.com.cn
购书网址：zqwts.tmall.com
印　　刷：大厂回族自治县益利印刷有限公司
版　　次：2019年6月第1版
印　　次：2021年4月第2次印刷
开　　本：787 × 1092　1/16
字　　数：120千字
印　　张：12
京权图字：01-2018-7817
书　　号：ISBN 978-7-5153-5559-7
定　　价：39.00元

| 目 录 |
CONTENTS

CHAPTER ONE

第一章

# 关于学习评估，你需要了解这些

亲爱的老师，欢迎你打开这本书。这本书将帮助你理解什么是学习评估，以及如何让它帮助你教学。

这是一本非常实用的书，它将使你的教学变得更容易，帮你提高效率、节约时间，并能帮助你的学生取得巨大的进步。

下面的内容列出了各种各样的活动、技巧和策略，这些方法可以即拿即用。此外，所有内容都是通用的，可以针对不同的课程、不同年龄段的学生使用。

总之，当你掌握了这些简单、有效和实用的评估方法的精髓，剩下的就只需要把这些方法付诸实践了。

## ■ 简单有效的学习评估

学习评估简单有效，它包括以下三个方面：

（1）从学生那里获取他们所学知识的信息，并将这些信息用于教学。

（2）帮助学生理解他们的学习效果和过程被评估的标准，鼓励他们思考和使用评估标准。

（3）给学生反馈，让他们知道自己做得如何以及如何提高。

第一点要求教学更高效、反应更迅速。这种要求基于学生已掌握的知识和他们能做的努力，而不是基于课堂上的一个死板过程。

第二点意味着学生们将会理解什么是评估、它是如何运作的，以及评估的目的是什么。他们将拓展有关评估标准的知识，用于记录他们的工作，这就意味着他们能够更好地创做出符合主题要求的作品。此外，他们将了解如何确定自己的优势和目标，这将帮助他们掌控自己的学习。

第三点是给予学生形成性的反馈。这是关于他们的学习的反馈，可以帮助他们了解做得好的地方以及还需要改进的地方。通过给出本书指导方法下的评语，老师就能帮助学生取得进步。这是因为这样的做法可以帮助学生们意识到做得好的方面（优点），通过表扬使学生们得到激励（优点），明确需要做什么才能做得更好（目标），以及如何做到这一点（目标）。

简单来说，学习评估包括三个方面：

（1）获取和使用信息。

（2）启动成功的衡量机制。

（3）给予形成性的反馈。

记住这一点，你就成功了一半!

这本书如何帮助我们做到这一切?

本书包括以下章节：

第一章　关于学习评估，你需要了解这些

第二章　点对点评估：注重与每一位学生交流

第三章　点对组评估：组建小组，课堂考查更轻松

第四章　点对班评估：如何调动全班积极性

第五章　同级评估：学生的问题，旁观者最清楚

第六章　自我评估：自省才能升华学习能力

第七章　给予反馈：教师的作用在于画龙点睛

第八章　建立标准：学生进步需要原动力

第九章　影响因素：教学评估中的变量

第十章　克服影响：保护你的教学成果

第十一章　坚持学习评估

第二章、第三章和第四章为你提供了30种从学生那里获取信息的技巧。这些技巧被分成三个部分：个人、小组和整个班级。通过使用这些技巧，你可以检查学生的学习情况，然后，你可以将这些信息融入到你的教学和计划中。

第五章和第六章为你提供了广泛的同级和自我评估活动。其中大多数只需要很少的资源，而且可以快速轻松地实现。通过使用本章中的方法和技巧，你可以帮助学生启动评估过程。

第七章包含了200个关于“优点”的例子和200个有关“目标”的例子。它们都是通用的，你可以按照它们的用途使用，也可以根据所教的年龄组和学科进行调整。

第八章包含了我们用来评价学生工作的一般和特定主题的标准。提供的清单将帮助你确定与学生工作相关的优点和目标。通过使用和拓展本章中的例子，你将能够给学生优质的反馈，帮助他们取得进步，同时也能节

约你的时间。

第九章选取了一些不利于学习评估的因素，第十章向你展示了如何克服这些因素，第十一章提供了一个简短的总结。

那么，在我们继续之前，让我们搞清楚到底什么是形成性评估。

学校一般使用两种评估方式：形成性评估和总结性评估。

形成性评估=学习评估=书面或口头反馈，说明哪些做得好，哪些还需要改进。例如：

“这是一件很棒的作品，约翰尼。”

**优点**

你能清楚地认识到民主的意义。

你用例子说明了民主的不同方面。

你提出了你认为最重要的方面。这表明你有信心对民主做出判断。

**目标**

评估民主的利弊，这样做就能证明你可以批判性地思考这个话题。你可以这样开头：“民主的好处包括……”

总结性评估=对学习的评估=对学生表现的总结性评价，例如：

“干得好，约翰尼，你的成绩是72分。”

很明显，其中一种方法可以帮助学生学习，而另一种方法效果就差很多。究竟使用哪个，我把这个决定权交给你。

## ■ 形成性评估和总结性评估

作为一名教师，追踪学生的进步是很重要的。当你记录他们的表现时，请记下总结性的结果（分数），并且与你的学生分享这一年的目标。我建议三到四次就足够了，不过次数可能会因年龄不同而有所不同。

除此之外，你还可以对学生进行形成性评估。给他们设定目标，向他们展示他们做得好的地方，这将有助于他们学习，而单纯评分数是没有帮助的。如果你把两者放在一起，总结性评估就会偏离形成性评估。不信你试试——学生们会立即开始互相询问他们的成绩，而实际上忽略了自己的优点和目标。

为了确保你设定的目标是能够被追踪的，你就要坚持长期追踪它们。你可以在学生的作业前面贴一张追踪单。然后，他们就可以把目标写在这里了。你也可以在追踪单上留下一个空白的地方，让他们解释他们是如何达到每个目标的。这样一个流程将有助于确保所有学生取得进步。有三种方法可以确保学生使用你所设定的目标：

- 你要确保腾出足够课时让学生讨论和知晓目标。
- 给出参照的榜样，鼓励学生也朝着这个方向努力。
- 在学生开始一项重要的工作之前，让他们在作业纸的顶端写下他们的目标，然后在最后面写一段话来说明他们是否完成了。

## ■ 怎样检验学习评估的效果

我认为这在逻辑上是可以从前提推导出来的。在不进行扩展分析的情况下，考虑以下问题：

- 获取有关学生学习评估的信息并且使用评估它们=因材施教。
- 如果学生有更好的想法，将其运用到对他们学习的评估中去=有更好想法的学生会更好地知道，他们应该做什么。
- 给予反馈，告诉学生做得很好以及他们需要改善的方面=学生知道什么是好的以及为什么好，知道哪些还需改进以及为什么需要改进。

在学习评估的理论背后，还有强大的论据支撑。详尽地介绍了初始研究过程的书是：

《学习评估：付诸实践》(*Assessment for Learning: Putting it Into Practice*)，保罗・布莱克、克里斯・哈里森、克莱尔・李、比森・马歇尔和迪伦・威利姆著。

这是一本极好的书，我强烈建议你读一读。此外，以下小册子也解释了这项研究：

《在黑盒中》(*Inside the Black Box*)，保罗・布莱克和迪伦・威利姆著。

《在黑盒中工作》(*Working Inside the Black Box*)保罗・布莱克、克里斯・哈里森、克莱尔・李、比森・马歇尔和迪伦・威利姆著。

这个系列还有许多其他的小册子，这些课程侧重于具体科目和小学课堂，它们都很好，很值得一读。我读过他们的书，这本书就是根据他们提出的原则和想法写成的。当然，我所写的都是本人原创，代表了我自己的观点，而不是别人的。

## 这本书讲了什么

我希望你觉得这本书有用。我写这本书的原因，是因为在我开始教书的时候，曾苦于找不到这方面的书。我把这些课堂实践写了下来，并试图使每方面都尽可能简单、直接和实用。这是因为我知道教学是一项要求很高的工作，我们大多数人需要的是我们可以即拿即用的方法，这些方法会给你提供帮助，还能帮你节约时间。

现在我给你一些你自己的形成性反馈。

**优点：**

既然你已经读了第一章，这就意味着你现在知道这本书是关于什么的了。

你想知道更多关于学习评估的事情，这很好，因为它表明你想要拓展你的实践，并帮助你的学生实现目标。

你已经了解学习评估的构成，因为到目前为止你已经掌握了它的要点。

**目标：**

阅读这本书，运用其中的活动、技巧和方法，这将引导你将学习评估嵌入到教学中，你和你的学生将因此受益。

CHAPTER TWO

第二章

# 点对点评估：注重与每一位学生交流

为了评估学生的学习情况，你必须从他们那里获取信息。有很多方法可以做到这一点。本章详细介绍了30种方法，它们被分成三个部分：个人、小组和整个班级。

获取学生的学习信息有三个好处。首先，它可以让你了解你的学生现在所处的阶段。其次，它帮助你反思自己的教学。第三，也是最重要的，它允许你根据学生的学习情况和需要随时改变你的教学和计划，这意味着你在课堂上做的事情会变得更有效率。

## ■ 循环的妙用

### *传统但有效的方式：循环和交谈*

循环（巡视）是指老师在教室里来回走动，这个比喻利用了液体或气体在结构中自由而灵活运动的内涵。循环的内涵提醒了你需要在走动中秉持一条路线，在这条路线中，所有重要的区域都要被照顾到（正如身体的循环系统）。

老师不太可能一直在教室里来回走动，尤其是那些课堂很容易被打断的班级，它们往往需要老师长时间在教室前面观察和监督。在这种情况下，你可能想让那些注意力不太集中的学生坐在教室的两侧和前排，这样你就能够更加方便地顾及到他们，同时还能保持对整个班级的关注。

循环很简单，只是需要老师在教室里来回走动，并且和学生们交谈。这些交谈能够使老师随时帮助学生，并且随时调整教学内容。试着和尽可能多的学生交谈，这样，你就可以核实并掌握大多数同学对知识的理解情况。

如果这么做对你来说有困难，那就事先计划好你要重点关注哪些学生。例如，有些学生在开始一项任务时有困难需要帮助，而另一些学生则有半途而废的倾向。利用你所拥有的知识为你的循环策略提供信息。

## 用眼睛观察：只循环，不说话

另一种方法是在不与学生交谈的情况下进行循环（巡视），意思是你只能倾听、观察或浏览他们的工作。这三种方法提供了从个别学生那里获取信息的不同方法，这取决于完成特定任务的学生——如果他们正在开展讨论活动，你就不能浏览他们的工作。

你可能希望在课程中计划一系列的任务，并思考不同的完成方法。或者，你可以选择在合适的时机使用它们。

当学生参与讨论时，你可以来回走动并倾听他们所说的话。你可以选择关注特定的学生，在学生之间进行比较，或者根据个别学生的发言来了解课堂的进展。

当学生们在工作时，不管是成对的、分组的还是单独的，你都可以在循环中观察他们。你可以寻找具体的佐证或者问自己一些问题，例如：谁看起来在从事这项任务？学生X是如何选择这样做的？X学生的肢体语言是什么？

如果你设置了一个任务，要求学生完成写作，你可以一边在教室里走动，一边观察他们做了什么。你可以在脑海中浮现出想要点名的学生的名字，以便带领他们融入课堂，比如想清楚谁的作业是你想要读的，或者你可以把注意力集中在诸如“学生们对任务的反应是否和我预期的一样”。

在所有这些例子中，如果你倾听、观察或浏览的结果表明它是有用的，你就可以和学生交谈。这种方法只是交谈方案延伸出的一种选择，并非能全盘代替交谈。

## ■ 评分的方法

### *评分也需有步骤*

对作业进行评分是获取信息的最常见的方式之一，可以标记每个学生的学习进展情况以及他们是如何开始学习的。你可以通过以下方式记录学生的短期、中期和长期情况。

短期：对学生最近完成的作业进行评分可以帮助你分析他们是如何对待课堂主题的。你可以事先计划，以便在你觉得学生可能有困难的课后或者一系列课程后再进行评分。

中期：将学生们最近的作业与他们之前的作业进行比较，你就能了解他们在中期是如何参与到这个主题或课题中来的。你也许能够找出需要解决的问题或是学生值得称赞的地方。

长期：通过在记录簿中记录分数，并在学生作业前面的优点和目标表格上给出评语，你将能够掌握每个学生进步的长期表现。使用目标表的优点之一是它还可以让学生自己跟踪自己的学习进度。

### *不是所有作业都需要评分*

作为一名教师，每次在课后看学生作业的时候，你都会觉得有必要给作业评分，这既没有帮助也不实际。第一种情况是因为当有大量的内容要批改时，更有可能提供有用的反馈。第二种情况是，频繁地给学生的作业评分通常是低效的——最好是定期给一定量的作业评分，并且每次都提供更丰富的反馈。

如果你能克服老是评分的冲动，你就能挑出更能反映某些学生真实情况的作业，在课间浏览它们，从而获知他们现在的学习情况。

不管是浏览你所关注的学生的作业还是看你不太了解的学生的练习册，你都可以有很大的收获。关键点在于你在这种情况下通过浏览他们的作业来获取信息。

## ■ 卓有成效的书面对话

当给一个学生的作业评分时，你可能会在形成性反馈中加入一两个问题。这些将帮助你开始与学生的书面对话。问题应与学习有关，可采取下列形式之一：

- 需要弄明白的问题。
- 需要学生进一步完善答案的问题。
- 对学生的思维有挑战性的问题。
- 针对学生在某一个特定的部分上理解有困难而提出的问题。

- 反思性问题，鼓励学生告诉你他们有关学习的感受和经验。

在发还作业的时候，你需要给学生时间来回答你的问题。

这种方法特别适用于从那些不喜欢在课堂上讲话的学生那里获取信息，这种方法在与缺乏自信的学生进行详细的学习交流时也是很有用的。

## ■ 捕捉个别学生信息的利器：全班反馈技巧

你可以使用“全班反馈”部分中详细介绍的所有技巧，从个别学生那里获取信息。简单地选取其中一种技巧，首先考虑你特别关注的学生。你不需要向这些学生特别传达这一点——这样做甚至可能会适得其反（例如，它可能会抑制学生的积极性，或者可能会让他们因被单独挑出来而感到尴尬）。一个例子如下：

你想知道最近转到你班上的三个学生是如何学习课堂主题的。让我们想象一下，他们因为是转学生，因此你不确定他们的理解水平是否能跟得上班上其他同学。

你可以准备一个复习练习，在黑板上提出一系列问题，每个问题都标上A、B、C和D这4种答案，让学生们去拿写着字母的卡片，字母要与他们认为的答案相符。

在进行这样的活动时，你可以密切关注你感兴趣的学生。这包括三方面。首先，观察他们对问题和答案的最初反应——他们是不知所措还是很有把握？第二，观察他们接下来做了什么——他们是在思考答案，还是向别人求助？第三，观察他们给出的答案——他们的答案是正确的吗？他们和坐在他们旁边的那些人的答案一样吗？

## ■ 提问的技巧

提问可以用来从个人和群体中获取信息。这里有三种方法，根据你希望获得的信息类型，可以选择性使用。

有针对性的提问：提前决定要问哪些学生，问哪些问题。目的是确定你想从班上哪些同学那里得到信息，以及你希望这些信息是关于什么的。

开放式问题：这些问题可以让学生详细深入地谈论他们思考的内容和思考的过程。例如，你觉得怎么样？答案可能是什么？你怎么解释呢？关键是要引出有关推理性思考的信息。开放式问题可以让你分析学生思考的过程。基于这个事实，这些问题比封闭式的问题更有益处。

基于布卢姆分类学的问题：布卢姆分类学是思维过程的分类系统。它包括：知识、理解、应用、分析、综合、评价。这种分类是分层的。较低的级别比较高的级别更简单，也更容易获取。在询问个别学生问题时，使用不同级别的关键字，就可以获得有关学生的学习情况，以及获得这方面的信息——他们是如何有效地参与学习内容的。

## ■ 讨论的多元方式

讨论可以组成对子、三人、人数更多的小组进行，也可以是全班讨论。它可以由老师主导，也可以由个别学生主导，也可以在没有指定“负责人”的情况下进行。

讨论活动可以让老师听到学生在说什么。如果你的任务安排包括开放性的问题，建立在先前的知识基础上，并且有足够的框架，你会发现班上大多数或所有的学生都能详细谈论这个话题。

这意味着信息在课堂里流动。如果你是讨论的主导人，就可能会把注意力集中在特定的学生身上，以便了解他们思考的内容以及过程。重要的是要记住，过程和答案一样重要。如果一个学生给出了正确的答案，但是通过错误的方法得到了答案，这可能会在以后带来麻烦。如果你不是讨论的主导人，那就在教室里四处走动，听一听不同的对子和小组在说些什么。

## ■ 如何获取不积极的学生的反馈

如果你问了一个问题，等待学生举手回答，然后从这些学生中选择一个回答，你就不会得到任何关于课堂学习的信息。这有两个原因：首先，每个班级很可能都会有很自信或知识很渊博的学生，这些学生通常会积极回答大多数的问题。如果你允许他们这样做，那么你仅仅是在让他们与他们的同伴分享知识，但你不会发现任何关于其他学生的学习和理解的情况。其次，在公共场合讲话可能会让人感到害怕，尤其是对孩子来说，许多人可能不愿意举手，因为害怕尴尬或害怕给出错误的答案。

另一种方法是使用一种工具，通过这个工具，学生可以随机选择来回答问题或分享他们的想法。需要明确的是，这不是一种试图抓住学生的方法，而是通过这种方法，教师可以了解他们的班级，以使他们的教学更有效。

可以使用以下方法产生随机反馈。

- 给每个桌子标记一个数字，随机从帽子里抽出数字或掷骰子。

- 创建一个演示文稿文档，每张幻灯片就是你所有的学生名字的其中一个。快速播放幻灯片，按退出键以随机停止幻灯片播放。
- 在棒棒糖棍上写上你的学生的名字，把它们放在罐子里随机拿出来。
- 给学生自制彩票，留着票根，把它们放在帽子里，随机抽取数字，然后被抽中的学生回答问题。
- 闭上你的眼睛，挥舞手指指向不同的方向，让一个学生喊“停”，由你的手指最后指向的学生来回答这个问题。

## ■ 怎样将学生思维具象化

在这里，我指的是让学生模仿他们思维的某些部分，以便让老师看到。在课堂上给学生一些橡皮泥或者乐高块，让他们建造一个模型，要求要与课程概念相关，或者是问题的可视化答案。

另一个选择是在你的教室里收集一些材料。学生可以用这些材料来进行创作，以此反映他们的学习情况，诠释他们对一个概念的理解，或者回答一个特定的问题。

这些类型的活动可以与小组一起搭配使用，当然整个班级也可以拿来使用，以向老师提供关于他们学习的信息。所有这些活动为老师提供了一个很好的机会，让老师可以聚焦于那些用建模材料创作的学生个体。此外，老师可以和这些学生就他们所创造的作品进行讨论和提问。

CHAPTER THREE

第三章

# 点对组评估：组建小组，课堂考查更轻松

## ■ 循环与小组形式的结合

这与前一节中循环（巡视）的解释非常相似。有两个补充点需要注意：

首先，仔细思考你想要关注的小组和关注的顺序。根据小组的组成情况，明智的做法是将注意力更多地集中在某些小组上。另外，你可能会觉得有些小组需要更多的时间才能提供你想要的信息，这可能是因为他们自己不能很好地处理某项任务，因此需要（也许是广泛的）支持和帮助来形成和表达他们的想法。

第二，考虑为什么你要循环。有各种各样的原因可以指导你在教室里的活动，这些包括：

- 确定所有小组理解了任务要求。
- 征求学生对任务的意见。
- 发现小组成员是如何计划完成任务的。
- 询问小组成员是否存在误解和错误的推断。
- 引入新的要求或有难度的问题来进一步扩大挑战。

## ■ 选择学生特使：让学生迅速得到锻炼的方式

“特使”是一种活动，在这个活动中，全班同学被分成几个小组，每个小组都得到一组与主题不同方面相关的材料或任务。经过一段时间以后，每一小组选出一名特使。他们离开座位，轮流给班里每一组每个人讲解他们一直在研究的主题。

如果你选择采用这个活动，它可以很好地帮助你从每一个小组中收集信息。你可以充分了解特使们讲述的内容，以及他们是如何讲解自己组研究主题的方方面面。

考虑到每一个小组都在各自的研究、调查或任务上进行过合作，通常可以合理地认为特使的发言和方言方式代表了他们整个小组的立场。但要注意的是，如果小组中的一些学生已经脱离了团队任务，或者离开了其他人去做别的任务，可能就不是这样了。在特使离开他们的座位之前，观察并确保剩下的学生都参与了这项任务。

## ■ 学习报告：效果不可低估

这是一种传统的方法，大多数人都很熟悉。学生被分成小组，然后把他们的作业展示给全班同学。这为老师提供了一个机会，让他们可以看到和听到学生们做了什么，以及他们对这个话题的想法是什么。这种“串行反馈”（每一组依次上去并展示）可能是很单调的。为了避免这种情况，你可以让小组成对展示（这些小组随后被轮换）。随机选择一半的小组，让他们向全班同学展示，或者把演讲内容分成两部分（让学生也因为不同内容分成两大部分，做一些稍微不同的任务）。

有很多方法可以让学生展示他们的作品。这些包括：

- 戏剧演出
- 海报展示（即小组做一个关于主题的大型海报，作为口头展示的补充）
- 演讲
- 幻灯片演示
- 微型课堂

一定要设定成功完成的标准，这样才能得到你想要的信息。

## ■ 小组笔记：厘清学生思路

在每个小组中指定一个记笔记的人，他们的工作是记录小组讨论和做过的每一件事。你应该清楚这些笔记对小组非常有益，这样他们就能看到他们现阶段的工作，以及他们是如何做到的。这些笔记对老师也非常重要，老师们也可以将这些笔记用于教学研究。

很重要的一点就是，要提前跟学生说清楚，老师会看笔记，以便了解小组在做什么。如果不这样强调，小组在收集他们的笔记时往往会松懈。为了减轻学生们的顾虑，你可以强调你看笔记的目的是为了获取有意义的信息，是为了使用这些信息来调整你的教学以适应课堂的需要。

你可以给记笔记的人提供一个做笔记的表格，例如：

- 整个小组认为的关键点。
- 小组成员一致的观点。
- 小组成员有分歧的要点。

或者，它可以包含一系列与手头任务紧密相关的部分，例如：

- 小组成员在讨论什么？
- 小组决定如何完成这个任务？
- 每个小组成员有什么作用，为什么？

## ■ 课堂作品：让学生的能力一目了然

小组活动有很多种形式，并不是所有这些活动都能让学生创造出有形的东西。例如，讨论类型的任务将通过对话来进一步理解和拓展知识，但是这些对话会消失在空气中。如果你设置了一个有实际最终作品的活动，就可以用它来获取关于小组学习的信息。下面是一个可以说明这一点的例子。

在地理课上，学生被分成三组。他们会得到一张大纸和一些模型材料。我们的任务是创造一个乡村和城市毗邻的环境，并记录下两者的关键特征。扩展任务是提供模型的书面展示，超级扩展的任务是识别两种环境之间的相似性和差异性，在模型上突出这些特征，并附以书面的分析。

每个小组将制作一个乡村和城市环境的模型，很可能大多数同学都会提供一些书面材料作为补充。教师可以查看学生们的模型和文章，以便了解不同的小组如何理解这两个环境。教师可以发现其中的任何错误或误解，并在下一次课上解决这些问题。此外，如果大多数小组都完成了超级扩展任务，教师接下来布置的任务就可以提高难度了。

## ■ 小组学习状态更新：抓取每一个重要节点

在某个知名的社交网站上，会员们被鼓励发表“新状态”。新状态能够展示出那个人现在在做什么或在想什么。你也可以利用这个想法来获取小组是如何学习的信息。

当学生被分组后，在任务开始之前，宣布每个小组必须选择一个负责向老师提供“状态更新”的人。解释一下，这些学生将被要求每隔5分钟左右到讲台前面来，告诉老师他们小组的最新进展。

你可以提供一些标准或问题来帮助学生提供更新的信息。例如：

- 你知道这是在做什么吗?
- 谁在小组做什么?
- 你们是如何处理任务的?
- 你们小组接下来要做的是什么?
- 你们努力完成的最终作品是什么样的?

调用状态更新的频率将取决于给任务分配的总的时间。你需要在获取信息和给小组足够的时间来完成工作之间取得平衡。

## ■ 让学生学会团队合作

接下来详细介绍的全班反馈技巧也可以用于从小组中获取信息。有时候需要调整，但只是微调，那就是由小组来回答问题，而不是由个人来回答。以下是一些你可能需要做出的简单调整。

- 给每组一个数字。从帽子里随机挑选数字，被抽到号码的小组必须回答一个问题或就他们目前的工作提供反馈。
- 请每组选择一个团队名称。把这些写在PowerPoint文件的独立幻灯片上。快速播放幻灯片，然后按退出键使其停止。幻灯片上的名字就是需要回答或提供反馈的小组。
- 给每一组一块不同颜色的卡片。只需要一个小方块形状的卡片即可，由每个小组负责的成员来保管。保留一套类似颜色的卡片，把这些卡片放在袋子里，随便抽出一个。由对应颜色的小组回答问题或提供反馈。

你应该意识到这和全班反馈的一个微小区别是，小组在给你答案或反馈之前，需要时间进行协商。这使得他们能够以群体的身份回答问题，而不是以个人的身份回答问题。讨论时间可以让他们达成共识（或承认异议）。这意味着你将得到的信息是整体的象征，而不是个人以为的群体观点。

## ■ 给学生编号，让流程更简便

当学生在自己小组里的时候，给每个小组成员一个数字。这些数字应该基于每个小组的人数。如果小组由3个学生组成，给学生编号为1、2和3。如果每组有4个学生，分配数字1、2、3和4。

解释一下，在这个任务中，你会定时地叫号。学生们应该花点时间和他们的小组讨论以下三个问题：

- 接下来我们做什么？
- 我们到目前为止哪些方面做得很好？
- 我们遇到了什么问题？

当他们和他们的小组成员达成一致的答案时，他们应该走到前面和老师分享这些答案，如果需要，可以马上使用这些信息。

提供反馈的学生的号码既可以是随机选择的，也可以是按顺序循环的，也可以是有意选择的，这样老师就可以听到某些特定学生的心声。

## ■ 让学生说出期望

当你想在课间反思你的学生学习进展以及他们是如何学习的时候，最好使用这种从小组中获得反馈的方法。它的工作原理如下：

在开始一项任务之前，提供一套成功的标准，也可以与你的学生一起制定一套标准。向小组说明应该使用这些标准来帮助他们计划和拓展工作。课程还剩大约10分钟的时候，停止上课，并表示你希望每个小组都能写一份简短的书面报告，详细说明他们的感觉——觉得自己离达到成功标准有多远。

你可以提供给学生们一张可以填写的表格。举个简单的例子，可以包含以下问题：

- 你期望有着什么样的成功标准？
- 你要如何实现它？
- 你可以做些什么来改进？

可以在同一张纸上重复几次，以反映成功标准的总数。

小组要在走出教室之前把他们的反馈提交给你，然后你可以在下一节课（或者下次分配小组任务的时候）之前检查这些内容，并用它们来指导你的教学和计划。

## ■ 师生共同进行任务检查

创建一个任务检查表，并在每个小组中指定一个人负责填写它。任务检查表应该包含这些记录——每个组为了成功完成任务需要做的所有事情。你可能还希望包含扩展项，并说明：如果像完成基本项目一样完成这些扩展项目的小组，很可能完成更高质量的工作（因此也会获得更高的评分）。

随着课程的进行，你可以在教室里四处走动，看看不同小组的检查表，这将确保在任何时候你都能知道每一个小组在任务中处于什么阶段。如果某一特定小组落后了，你就能立即意识到这一点，并马上给予他们所需的支持。

在课程结束时，你应该把检查表收好。在你这样做之前，让负责填写的学生把他们组里的学生的名字写在这一页的顶端。通过这种方式，你可以在课程结束后反思哪些小组已经完成了哪些任务，以及这些任务是如何与他们的创作相关联的。

CHAPTER FOUR

第四章

# 点对班评估：如何调动全班积极性

## ■ 便利贴：收集全班的文字反馈

用便利贴笔记来获得全班的反馈是一个超棒的方法。这是因为它们足够便宜、使用灵活，所有的学生都可以得到一个（或多个），并且可以在很短的时间内进行注释。有三种方法可以使用便利贴。

- 给每个学生一个便利贴。提问或展示问题，或向学生提供一段陈述，要求他们做出回应。让学生们把答案写在便利贴上。老师把这些便利贴收集起来，在下节课之前看一看。事先想一下，你是否希望学生在他们写的答案后面加上他们的名字。
- 在黑板上展示一个问题或陈述，给每个学生发一个便利贴，让他们写下他们的回应，然后把这个贴在黑板上。老师可以在学生们走过来摆放它们的时候把写的内容看一遍，有些可以作为讨论的基础。老师也可以把它们收集起来，课下再看。最后一个选择是邀请几个学生花点时间整理和分析不同的答案，然后，他们可以把他们的发现呈现给全班同学。
- 给每个学生一个便利贴。提问或展示问题，或向学生提供一段陈述，要求他们做出回应。学生们把答案写在笔记上。接下来，他们把这些东西举在空中，这样老师（和其他学生）就能看到它们了。接着是进一步的询问和讨论。

## ■ 迷你白板：利于互动的直观方法

迷你白板（必须辅以油性记号笔和板擦）是获得全班反馈的一种更昂贵的方法。然而，它们的功能很棒，而且往往很耐用。很可能你买了一套，它们就会证明自己物有所值。这里有5种方法，你可以使用迷你白板从你的班里获取信息。

- 问学生一个问题，让他们把答案写在白板上，然后让他们举起这些白板，这样老师和其他学生就能看到都写了什么。
- 在黑板上画出三张人脸，一个很快乐，一个情绪不好不坏，一个闷闷不乐。它们应该配以这样的句子——“我对学习有信心”，“我觉得学习还不错”，“我对学习没有信心”。让学生在白板上画出最能代表他们感觉的脸，并把它举起来让所有人看到。
- 如上，除了用数字1～5代替笑脸，这样可以得到范围更广的回应。
- 让学生们在白板上写出他们感觉这堂课“最模糊的要点”，就是他们最不清楚的地方，或者是造成他们最大困难的原因。然后让他们把白板举在空中。
- 请学生在一定的附加条件下回答问题或发表陈述。例如通过绘画、用7个单词、通过一个方程式，然后让他们举起他们的答案。

## ■ 既有乐趣又有效率的课堂游戏

出门通行证是一张纸条，学生在走出教室前必须交上去。他们要在纸条上写下老师设置的问题的答案，或者对陈述及任务的回答。老师需要决定是要匿名提交，还是让学生在答案旁边写上自己的名字。出门通行证可以由学生收集，交给老师，或者放在老师桌子上或靠近门口的盒子里（类似投票站）。

在下一节课之前，老师可以查看出门通行证，并使用这些信息告知学生教学计划。提前思考一下，你要求学生在他们的出门通行证上写些什么。你可能会认为任务的某个方面会引起问题或误解，你可以用这种方法来检验一下是否是这样。或者，你可能对学生被要求完成某种任务或以某种方式工作的感受感兴趣。正如这两个例子所示，提前计划可以提高你使用通行证的效率。

## ■ 教学专用卡片：快速区分学生的选择

制作一组卡片，你的班级可以用这些卡片向你展示他们认为的问题的答案，或他们对一个陈述的想法。这里有三个例子来说明如何做到这一点。

- A、B、C、D卡。制作一组卡片，让每个学生都有一张上面有大大的“A”的卡片，一张上面有大大的“B”的卡片，等等。在黑板上展示一系列问题，每个问题都应该有4个可能的答案。请学生出示他们认为正确的答案（A、B、C、D可以用4种不同的颜色或数字1到4来代替）。
- 真/假卡。制作一组卡片，一边写“正确”，另一边写“错误”，把这些发给学生。在黑板上展示一系列的陈述，并询问学生，他们是否相信这些是真的或假的。学生用卡片指出他们认为的答案是什么。

- 同意/不同意卡。如上所述，除了用“同意”和“不同意”代替“真”和“假”。建议如果学生不确定，他们可以不举起他们的卡片（或者根本不拿着）。

虽然很耗时，但还是值得一试。这可以增加卡片的使用寿命。你也可以用橡皮筋把它们捆在一起，这可以帮助你避免不必要的损失。

## ■ 手指动作：肢体语言的交流

你可以通过让学生使用手指来获取信息。以下是三种可选的方法。

- 让学生通过使用他们的拇指来告诉你他们对学习的感觉。解释一下，如果他们感到自信，就应该朝上竖起大拇指；如果他们感觉还不错，就平着伸出拇指；如果他们不自信，就把大拇指朝下。
- 让学生使用他们的手指来告诉你他们对学习的感觉。在黑板上展示一组5句话，对应数字1到5不断加深程度，从“我对学习非常自信”写到“我对学习一点儿也不自信”。让学生们思考他们最同意哪一种说法，然后伸出与之相关的手指数。
- 在黑板上展示问题，并附有3个、4个或5个可能的答案。让学生思考他们认为哪个是正确的。然后，他们可以伸出与他们认为正确答案的数量相同的手指。

## ■ 交通信号灯：提升自信和参与感

红绿灯的颜色——红、黄、绿——可以用于从整个班级收集信息。这里有三种方法可以将其付诸实践：

- 给全班同学制作一组红色、黄色和绿色的卡片，把这些卡片发给学生。请他们出示与他们对学习的感觉相符的卡片，绿色代表自信，黄色代表感觉还好，红色代表不自信。你可以让学生在课上的特定时间里给你展示一种颜色，或者你可以让他们在课桌上一直展示一种颜色（或者随着课堂上适当的时间点进行变化）。
- 一堂课结束的时候，要求学生在作业本上写出代表他们如何看待学习的颜色。如果你有足够的彩色笔可用，就把它们分发出去，让学生用适当的颜色书写，或者画一个圆圈，用适当的颜色给它上色。
- 在一堂课结束的时候，展示学习目标。让学生指出他们是否觉得自己已经达到目标。他们要么用一张彩色卡片展示，要么在作业中记下他们认为自己所处的阶段的颜色。

## ■ 几何图形：让老师直观了解学生观点

在黑板上展示一个语句。可以采取下列任何一种形式。

- 关于学习的陈述。例如：“我觉得我已经理解了我们今天所做的一切。”
- 关于学习内容的陈述。例如：“民主是一种政府制度。”
- 对学习的某些方面的看法的陈述。例如：“民主是政府的完美形式。”

跟学生解释，房间的一边代表“我完全同意”，另一边代表“我完全不同意”。中间的区域是一个中立过渡区域。这个过渡区域代表“我不知道”“我没有什么感觉”或“我不确定”。

请学生离开座位，并在与他们对陈述的感受相关的区域上定位自己会去的位置。你可以在地板上放一根绳子，或者在木板上放一个两端的箭头，以明确区分各区域。

这个活动可以让你看到所有的学生对陈述问题的看法。你可以根据学生选择位置的原因展开讨论。

这项活动允许学生站起来走动。因此，它可能不适用于所有学生。你需要提前确定你的学生是否能够以明智的方式完成这个活动。你可以分阶段逐步引入，使学生慢慢熟悉这种方式。

在黑板上展示一些语句。要求学生在作业中画一个几何图形，并在这上面标记自己的位置。邀请一群学生（大概是班里的三分之一）走到前面，把自己置身于教室墙壁之间想象的区域中。向学生提问，并鼓励学生坐下来提问。以这种方式进行了几次活动后，你就能更好地让所有的学生站起来，走到前面。即便如此，还是建议把学生分成几部分来邀请，而不是一次性邀请全班同学。

## ■ 了解学生对特定问题持何种看法

这个活动又涉及运动。它比“几何图形”占用了更多的教室空间。因为给学生们的是分散的而不是连续的回答选项。因此，该方法可以获取略微不同的信息。它的工作原理如下：

在黑板上展示一个问题。指明房间的四个区域，并说明与每个区域相联系的可能答案。你可以通过以下方法来进行：

- 在上课之前，打印出3个问题，每个问题有4个答案，贴上标签“Q1”“Q2”和“Q3”。把答案分成4份，每一份应该包含有一个Q1、一个Q2和一个Q3的答案，把这些东西贴在墙上的4个不同的地方。
- 制作4个标签，包含字母“A”“B”“C”和“D”，把这些标签贴在教室的4个不同的区域。当你展示一个问题时，也要展示那些标记为A、B、C、D的答案。
- 给教室的4个不同的区域拍照。当你展示一个问题时，也附带4个答案，把照片插入答案旁边。

然后，邀请学生到他们认为有正确答案的教室区域，这可以让老师快速明确所有学生对一个特定问题的看法。

## ■ 在课堂上谨慎选取科学技术

在课堂上使用科学技术的时候，我总会问自己3个问题：

- 便宜吗？
- 容易使用吗？
- 对学习有帮助吗？

下面的方法可以帮助你从整个班级中提取信息，可以使用下面两种方法：

投票夹：这是一种小型的手持设备，可以向你的电脑发送信号。它们附带的软件一旦安装好，就能使投票夹里的信息变得清晰易懂。每个夹上都有许多按钮，有各种颜色和各种编号。老师在黑板上展示一系列的问题或陈述，学生按下他们认为正确答案的按钮，然后老师可以把结果展示给全班同学看，或者私下里进行分析。

在线论坛：如果你的学校内部有一个在线学习平台，你就可以建立让学生参与的论坛。你可以从一个问题、一段陈述或者一些新颖的材料链接开始，比如一篇报纸文章。然后你可以让学生在课堂上或是回去写作业的时候在论坛上发表评论，论坛将记录哪些学生发表了评论，你就能够使用这些信息来调整你的教学和计划。

## ■ 无声的辩论：书面交流更利于收集信息

这种讨论活动可以收集大量的文字，这些文字包含了整个班级的想法和观点。它的工作原理如下：

在四五张大卡纸中间写出一系列与主题相关的陈述或问题，在教室里分发下去。邀请学生保持安静地来回走动，并在纸上写下评论。当他们这样做的时候，请他们再去看看并评论其他人写的东西。任何说话的人都会被送到“淘气角落”30秒钟。

在活动结束时，你所收集的这些纸里面就有关于学生的想法和他们为什么这样想的大量信息。

如果你想追踪谁写了什么，可以把班级分成小组，给每个小组不同颜色的笔。虽然你不一定能够识别出属于某个特定学生的评论，但至少可以大致了解谁提出了什么（并且可以根据颜色和你以前对学生的了解进行推断）。

你可以让学生在评论上签名。然而，这有可能会极大地抑制学生的兴趣，结果可能会适得其反。

CHAPTER FIVE

# 第五章

## 同级评估：学生的问题，旁观者最清楚

同级评估为学生开启了评估之旅，这可以帮助他们利用成功标准来做出判断。此外，它鼓励学生发现优点，并根据这些标准设定目标。因此，它帮助学生更好地理解自己被评估的工作，明确完成良好的工作应该包括哪些要点，以及思考如何使工作更好地完成。

最后要注意的是，同级评估允许学生体验他人的工作。因此，这有助于他们对如何回答问题、如何完成任务以及同伴采用何种方法有更广泛的认识。

这一章有20个不同的条目，每一个都解释了一种同级评估的方法，你可以用来组织同级评估的活动，并注意同级评估中哪些部分需要得到密切关注。

以下每种方法都包含一个实用的重点，可以用于任何年龄段的任何科目。

## ■ 不同分组方式下的同级评估方法

### 二人结对

当学生两人一组学习时，有3种方法可以进行同级评估。

第一种方法：需要大概10～15分钟，这应该是在你的学生完成了几节课的工作之后。请解释说，学生们将进行成对学习，并给彼此的作业评分。花5分钟时间重温你一直在教授的东西，你可能希望在黑板上列出最近的课程主题列表，或者创建相关关键字和概念的思维导图。这样做可以更好地引导学生，使他们更有效并且更容易地为他们的伙伴评分。

学生们现在互相评分，指出自己同伴应该识别出的任何错误或误解，并在他们的同伴做得好的事情上写下表扬，让他们用总体评价来结束评分。这应该包括他们同伴工作的3个优点和一个需要改进的地方。最后，让学生交换他们的作业，他们可以先阅读对方的评价，然后再和他们进行深入讨论。

第二种方法：这个活动需要学生完成一篇延伸性的文章。学生们成双成对地轮流朗读他们的作业，可以做两次。第一次，听的学生应该保持沉默。第二次，听的学生进行提问。他们可以随意打断演讲者，但是所提的问题必须与宣读的作业内容有关。他们可能会问的问题包括：关于需要搞清楚的问题、关于大框架的问题以及直接挑战所讲内容的问题。

在第二遍朗读结束时，一直在听的学生要花一到两分钟来阐述自己的观点，然后他们可以进行口头或书面的同级评估，在评估中他们要确定一系列优点和有待改进的地方。然后学生互换，重复这个过程。老师可以让同级评估员关注一些特定的事情，或者，学生们可能会要求他们的搭档注意一些他们想要得到反馈的东西。

第三种方法：把学生分成两组。老师设置一个活动，在这个活动中，每一对学生必须合作创造一些东西，可以是一场戏剧表演，一篇联合写作或一些材料的分析。给学生们充足的时间完成后，老师可以让学生分成4组，每组两对。

在四人一组中，每对轮流分享他们完成的任何作品。在分享结束后，两对轮流对彼此的工作进行相互评估。老师可能会提供一些标准来进行评估，或者小组之间可以达成一致，他们希望如何进行评估。两组中的每一对可以具体说明它们希望另一对关注什么重点。

## 三人一组

这里有三种方法可以让学生三人一组进行同级评估。

第一种方法：两名学生参与讨论，第三名学生则倾听和观察。在讨论结束时（老师提醒“时间到”），前两名学生转向第三名学生。然后，第三名学生会对他所听到的和所看到的进行同级评估。建议给第三名学生某种形式的表格或一份标准清单，他们可以用这些标准来安排他们的倾听和观察。可以是问题的形式（他们在说什么？他们互相倾听的程度如何），也可以按类别（内容，倾听，反应）。这样做，你将有助于确保同级评估有一个强有力的架构。如果你想给你的学生更多的空间，可以给他们提供一系列的问题或类别，让他们选择他们关注的问题。同级评估本身应该将优点识别与解释以及可以改进的地方结合起来（如果可能的话，还应该展示这将如何去做）。然后，两位学生可以重新开始讨论，并尝试将建议付诸行动。

第二种方法：在学生完成一篇个人作品后，把他们分成三组。他们可以把自己的工作交给左边的人，然后由左边的人来完成，并进行同级评估。当然，如果作品不是实物——比如一出戏剧或者一段独白，那么作者需要进行表演或者向左边的人展示。当同级评估完成后，一名学生通过解释他们的判断开始反馈过程，被评估的人仔细倾听。第三名学生先听，然后，当第一名学生讲完后，问他们的同伴，他们对听到的东西有什么感觉。如果有必要，他们会向小组的其他成员提出后续问题，以促进同级评估的讨论。然后学生互换角色，再重复这个过程两次。

第三种方法：学生三人一组，创作一幅作品。学生们在桌子上腾出一块地方来展示他们的作品。如果合适的话，让每个小组写一份简短的总结，总结他们的成果，或者解释背后的原理。这个可以放在桌子上，放在作品旁边。每个小组成员都有自己的角色，分别是：一个人寻找优点，一个人发现仍需改善的地方，一个人设定目标。小组成员需要在房间里四处走动，找到一份同级评估的任务。当他们选择完毕（每一项任务都必须有一个小组对其进行同级评估），小组成员可以写出一份同级评估报告，其中每个学生贡献与他们的角色相关的部分——确定优点、可能的改进或目标。最后，小组回到他们自己的工作中，阅读他们所得到的评估（你可以通过让小组去做更多的工作来拓展这个活动，然后，学生们可以收到多份同级评估）。

## 三人以上小组

这里有三种方法可以让学生在多人小组中进行同级评估（我估计有四到五名学生）。

第一种方法：让学生在小组中完成一项任务。提前计划好你会给这个活动多少时间。当学生完成一半时，要求他们停止正在做的任何事情。

每个小组现在可以选择两个成员来承担特定的角色。其中一个（学生A）对小组目前为止的工作进行同级评估，而另一个（学生B）去对其他小组进行同级评估。

老师可以提供一组与任务相关的标准或类别的列表，学生可以使用它来进行评估。学生A开始回顾他们团队所做的工作，找出哪些进展顺利，哪些可以改进。之后，学生B离开并为另一组提供相同的服务。这里的关键是，到目前为止，每个小组都可以从内部和外部角度看待他们的工作。

完成同级评估后，所有学生回到他们原来的小组。老师宣布原定的活动将继续进行，并邀请小组根据收到的反馈采取改进行动。

第二种方法：让学生分组完成一项任务。这可以是一些可以不用展示的东西，例如，一张海报，一个PowerPoint演示文稿（可以打印出来或展示在笔记本电脑上），或一个基于相同主题的项目集合。

为你的团队分配以下角色："优点发现者""改进识别者""目标设定者"，分配3～4个小组作为"优点发现者"（这是在假设你有五六个小组的情况下进行的）。因此，将有3～4组"优点发现者"、一组"改进识别者"和一组"目标设定者"。邀请小组在房间里走动，评估每一件展出的作品，包括他们自己的作品。这样做的结果是，在返回工作岗位后，每个小组都会发现3～4个优点，一个潜在的改进地方和一个未来要完成的目标。如果你的小组比我在这里概述的少，我建议你不要使用"改进识别者"。拥有大量的正面评论比拥有这三种类型的评论更重要。

第三种方法：让学生分组完成一项任务。在活动完成后，请小组配对（明智的做法是提前计划，并确保组的数量是偶数）。在配对中，每组轮流表演或展示他们的作品。此外，他们可以讨论它的含义、它是如何产生的以及导致它产生的决定。在此之后，另一组应该提供同级评估。这可以是非结构化的，学生可以根据自己的意愿进行评论，也可以通过使用上面列出的角色（3个"优点发现者"，一个或零个"改进识别者"和一个“目标设定者”）来构建。

## ■ 同级评估提升学习效果的方式

### *交卷、打乱、重新分配：自我反思，相互学习*

这个活动可以用于学生完成的一件作品上，也可以用在他们的作业上，只要这些作业里有足够的材料使这个任务有价值。它的工作原理如下：

收集你们班学生的作品或他们的作业，打乱，然后重新分配。让学生们对某个人的作品或作业进行同级评估，老师应该提供一些评估的标准。在这个活动之前，最好先讨论一下在这个特定的例子中什么是好的作品，或者提醒一下在过去的几堂课中研究了什么。

学生应该识别出他们所评估的作业的3个优点，以及一个需要改进的地方。它们还应展示如何实现改进，这后一点很重要。这意味着，当学生的作品被归还给他们本人时，他们将能够非常清楚地看到他们需要做什么才能使作品更好，演示将为改进增加价值。

当同级评估完成后，请学生站起来，把他们评分的作品还给本人。如果你觉得站着上课不舒服，就可以自己把作业拿出来分发，或者一次只让一小部分学生站起来。

让学生阅读他们同伴写的评论，当他们这样做了，请他们把已经确定的改进付诸实践。这可能涉及他们需要根据评估结果重新完成一部分的工作，或者，可能需要他们创建一些新的内容，但仍然与主题相关，其中包括改进的地方。

当学生完成这项工作后，他们应该找到评估他们最初作品的同伴。在找到他们之后，他们可以讨论最初的同级评估。然后，两位学生应该反思，接下来的工作中是否成功地吸纳了改进建议。如果答案是否定的，同级评估员就有责任证明为什么不能这样，以及如何纠正这种情况。

你会注意到这个活动有三个部分：同级评估、原作的改进以及接下来的讨论。你不需要在同一堂课上做完所有这些部分。例如，你可能希望全班同学一起进行同级评估，并将改进和讨论合并到后续课程的启动活动中。另一种选择是以全班的形式进行同级评估，并要求制定一个总体目标，而不是改进。在接下来的课上，学生应该以达到他们的目标为目标。然后在课程结束时进行讨论，学生和他们的同级评估员思考目标是否达到。

## *匿名递交、打乱和重新分发：更正常化的同级评估*

此活动的结构与前一篇文章中解释的相同。不同的是，学生上交的作业是匿名的。这里有三种方法可以确保这一点：

- 学生完成他们的作业，但不会在上面写自己的名字。
- 学生们完成作业本上的作业。保持作业打开的状态上交给老师，老师把它们分发给学生，并要求学生不能看作业的正面（有名字的地方）。
- 学生完成他们的工作。然后他们被要求站起来，拿着作业在房间里走动。当老师示意时，他们必须把作业放在房间里的某张桌子上（不是他们自己的），打开正确的那页。然后，学生们回到座位上，进行评分，而不看作业的封面有名字的地方。

当然，有些学生可能会认出朋友的笔迹。然而，如果大多数学生都认可你要求他们同级评估的工作，那将是一个惊喜。

这个活动的目的有三个：

第一，它鼓励学生保持客观。当收到一份匿名作业，学生们面对的评估工作只是聚焦在其优点上，而不受原作者影响（我并不是说他们总是会受影响——只是以这种方式，通过这种活动你将排除这种可能）。

第二，学生们经常会让坐在他们旁边的人对他们的工作进行同级评估，因为这样最简单和直接。通过使用上面提到的其中一种方式进行活动，教师将确保学生对他们的工作有不同的看法。这对他们很有益，能使他们从不同的角度思考他们所完成的作品。

第三，重新分配匿名工作有助于使同级评估过程正常化。它鼓励学生把这项活动看作是他们所提供的一种服务，这种服务虽然对作品而言是个人的，但对作者而言却不是个人的。这类似老师和考官所做的。因此，这对学生来说是件好事，因为这有助于他们理解那些最终将为他们的工作评分的人的经验。

你需要决定原作者将如何拿到同级评估的作品。你可能想让学生找出谁给他们的作业评分，并鼓励他们一起讨论评估。这样做的好处是，我们可以从接下来的对话中学到更多东西。另一方面，你也可能希望保持流程的匿名性。刚开始这可能会让学生感到不爽或让学生感到受挫。真正的好处是，如果你坚持下去，在这之后学生们就会把这个活动仅仅看作是他们得到的反馈，而不是聚焦于是谁给的反馈。

## ■ 什么是有效的同级评估

那些进行同级评估的学生将从这个过程中受益。这是因为他们可以：

- 有机会思考其他人的工作。这可以拓宽他们的理解，并为他们提供进一步的参考。
- 有机会探讨他们的工作，以及他们的同伴的评估标准。
- 有机会利用标准做出以证据和推理为基础的评估。

接受同级评估的学生也将从中受益。这是因为他们可以：

- 收到评价，证明他们做得很好，以及为什么做得好。
- 收到评价，指明他们如何改进和为什么这是一种进步；指出他们在未来的工作中应致力达到的目标，并解释为什么这是有利的；指出和解释当前工作的改进和未来工作的目标。
- 收到一份明确与他们的工作评估标准相关的评估。

在一个理想的同级评估中，学生可以给出并接受表扬、改进和目标，这些目标是具体的、相关的，并且与评估工作的标准密切相关。

这里有三种方法可以帮助你做到这一点。

一、让学生在开始工作前知道他们被评估的标准。这可以包括评分量表、老师提出的成功标准、学生提出的成功标准、工作范例和一般原则（例如，关于论证的逻辑结构）。

二、建立用于表扬和作为模板的模型。你可以利用学生作业、由考试委员会提供的范例作品或者是你自己创作的作品。

三、展示那些毫无帮助的反馈（“我喜欢你使用的颜色”“非常非常好的工作”“你的演示文稿很棒”，等等），并指出为什么它没有帮助，因为它无助于对方的学习。你可以在你的教室墙上贴上一些好的和坏的同级评估反馈的例子，或者在学生们完成任务时，在黑板上展示。

## ■ 同级评估的课堂实用技巧

### “三颗星和一个愿望”：适当的技巧有助于方向正确

“三颗星和一个愿望”是一种常见的同级评估技巧，学生可以用它来进行书面或口头反馈。“三颗星”指的是对正在评估的工作识别出三个优点，“愿望”指的是一件可以改进的地方，使工作做得更好。

这种方法的一个优点是，它可以通过语言进行同级评估，这种语言既易于理解，又具有内在的积极意义。因此，当你和年轻的学生一起工作时，它是特别有用的。在这种情况下，它可以被证明是引入同级评估的好方法。还有一个好处是，这个活动听起来更像一个游戏，而实际上却是——给别人的工作评分。

要求学生通读、浏览、观看或聆听同伴的工作。确切地说，他们的目标应该是找出他们可以奖励“星星”的三个方面，而这些东西应该是工作中真正优秀的地方。指出他们也应该注意的一件事，那就是他们希望在未来可以做得更好的方面。

你可以给学生提供他们必须填写的表格，这包括三颗星和一根魔杖（代表愿望）的图片。或者，如果学生们以书面形式提供反馈，你可以让他们在同伴的作业里画三颗星和一根魔杖，并在这些图片旁边写下他们的评论。

当你在课堂上表演或展示某样东西的时候，“三颗星和一个愿望”也是一个很好的技巧。在展示或表演开始前，告诉你的学生，你将在表演结束时向他们要“三颗星和一个愿望”。另一种选择是提前挑选4名学生，并表明你会专门问他们要“三颗星和一个愿望”。以这种方式进行同级评估的一个很好的方面是，那些已经展示或表演过的学生，都有过公开承认自己做得不错的事情的经历，他们也有机会对所建议的改进做出反应。

还有一种可能是为全体观众提供一个“三颗星和一个愿望”的形式，这些工作可以在演示或表演进行时完成。最后，结果可以被收集起来，交给表演者，他们可以在闲暇时浏览它们。最后要注意的一点是，你可能想重新命名“三颗星和一个愿望”。下面是一些可能的选择。

- 3个进球和一个点球（下一次你能罚进点球吗？）
- 3只狮子和一只猎豹（你能逮住猎豹吗？）
- 三胜一平（你能把抽签变成胜利吗？）

## *彩色圆点：更多积极，完全公开*

这个活动是使用各种颜色的小圆形贴纸来提供对同伴的反馈，在大多数文具店都能买到这种便宜贴纸。这种方法的两大好处是，它让所有的学生看到更多的作业，并为班上的每个人提供某种程度的积极反馈。这里有三种实践方法。

一、把学生作业陈列在全班面前或放在学生课桌上。每个学生都收到一份彩色圆点贴纸。让学生们在教室里四处走动，并把彩色圆点贴在他们认为好的作品上。他们必须在自己贴过的圆点旁边写下一条评论，表明他们认为这项工作的优点是什么。有两条规则：首先，学生不允许给任何一件作品贴超过两个以上的点。第二，一旦一个作品中有×个点（确切的数字取决于你班上有多少学生——你需要计算出这个数字应该是多少），它可能就不可以再收到更多的点了，这确保了班上每个人都能收到对他们工作的积极评价。

二、学生们会收到一份表格，里面有一系列形容词、标准或陈述，可以用来描述课堂上的作业（例如：创新的、创造性的、有思想的、需要深度分析的、善用理由的、对课文有很好的理解，等等）。他们把自己的名字写在表格的最上面，然后把它放在作业旁边，把这两样东西都放在桌子上，每个学生都收到一份彩色圆点。让学生们在教室里四处走动，观看展出的作品，让他们选择他们认为最合适的类别、陈述或标准，然后把自己的彩色圆点贴在作品旁边的表格里。只有一条规则，学生不允许在任何一份表格上贴一个以上的点，这可以确保所有的学生都能因为他们的工作得到表扬（当然，老师也可以贴一些贴纸）。

三、第三种选择是像上面第二种方法那样开展活动，但是有一点变化。为三分之二的同学提供一种颜色的贴纸，这些是“优点”贴纸。为班级的最后三分之一的同学提供另一种颜色的贴纸，这些是“目标”贴纸。收到目标贴纸的学生每人应得到3张（这意味着班级的每个学生都会得到一个目标贴纸）。让学生们在教室里走来走去，把贴纸贴在作业上，并在旁边写下他们的评论。那些有“目标”贴纸的人只能给已经有3个或更多“优点”贴纸的作业贴，这确保了目标与优点之间的平衡。

## 课桌上的作品：高年级学生喜欢的有序流程

这是前一段文章中介绍的“彩色圆点”的三种方法的一个变体，它的工作原理如下：

学生们在课桌上或教室前面展示他们的作业，后者对小组工作更加有用。

把全班同学分成两部分。如果学生是独立工作的，那么三分之二的学生被指定为“优点识别者”，三分之一的学生被指定为“目标设定者”。如果学生是进行分组完成的，那么一到两组（取决于数字）被指定为“目标设定者”，其余的被指定为“优点识别者”。

让学生们在教室里来回走动，看着同学们的成果。“目标设定者”的任务是确保在活动结束时，每一项作业上面都写有目标。“优点识别者”的作用是确保在活动结束时，每一项工作都至少获得3个优点。

这种方法与“彩色圆点”条目中解释的方法形成了很好的对比。有些学生可能不喜欢用圆点，特别是较高年级的学生可能认为这显得很幼稚（尽管我已经看到它在成年人中非常有效）。此外，通过只关注优点和目标，而不增加点的数量，这种方法可以使整个流程更有序和更有学术意义。这在同级评估与考试或其他形式的外部评价有关的工作时特别有用。

一如既往，重要的是要向学生强调，他们的评价应该是具体的、相关的，并与评估标准相联系。这有利于他们帮助同伴学习和取得进步。

这里有两个简要说明的备选方案，也可以使用。

一、给学生便利贴，让他们写下反馈。然后这些便利贴就可以被粘在学生的作业上。对于不喜欢把反馈直接写在作业或课本上的人——无论是你自己还是你的学生——这种方法都是极好的。

二、给学生一张评价表，放在作业旁边。准备两个盒子，一个是优点盒子，一个是目标盒子。后一个盒子应该更小，以确保优点与目标的比例。

## 识别并展示：教师所能提供的重要支持

这个活动着重于学生演示如何将他们确定的改进和目标付诸实践的重要性。我将概述为什么这是有价值的3个原因，然后提供5个例子来展示如何实现。

这么做有价值的原因：

向观众展示如何将某件事付诸实践可以使事情变得更清晰。正是因为这个原因，我们在日常交流时会使用各种例子。

如果学生知道他们必须演示如何完成一个目标或改进，他们更有可能会仔细思考，并确定哪一个是具体的、与学习密切相关的。

完成你建议别人做的事是评估你的建议是否现实的好方法。

这里有一些例子，说明如何帮助学生展示改进之处和目标。

一、建立模型，确定目标或改进之处，然后演示如何实现目标。你可以使用一个范例作品，比如一个学生去年创作的作品或者你自己创作的作品。

二、设定明确的参数来帮助完善你要求学生做的事情。例如，设定一个你的同伴还没有达到的成功标准，并告诉他们如何才能达到。

三、鼓励学生与评估其工作的人讨论他们建议的“改进”和“目标”。讨论将给他们一个机会来扩展他们所写的内容，并解释他们是如何看待同伴将“改进”或“目标”付诸实践的。

四、要求学生根据他们所确定的“改进”或“目标”，重做一小部分经过同级评估的工作。这可以包括任何类型的工作，并不局限于写作。

五、挑选一名学生，他成功地在同级评估中完成了一个改进或目标，然后向他的同伴展示如何将其付诸实践。让他们重现这个过程。他们可以在全班同学面前展示，或者他们可以和一小部分你认为会从中受益的同学一起工作。

## 使用制式表格：建立学生的自觉观念

制式表格是指学生被要求填写预先准备好的表单，我在前面的一些条目中指出了如何使用它们。它们最大的优点就是使学生的生活更加便利。这些表格可以提供一个清晰的由老师引导、学生跟随的结构。因此，可以减少误解，鼓励学生跟随老师走上有益的道路。

你必须决定好，什么样的形式适合你的学生进行同级评估的工作。

最后需要注意的一点是，制式表格可以节省你的时间。首先，是因为你可以将它们存储在电脑上并反复使用；其次，是因为一旦你向学生展示了如何使用它们，以后你很可能就不需要再展示了。这意味着你可以在以后的课程中使用相同的形式来节省时间，学生们将立即知道他们应该做什么。

## 使用评分量表：一种微妙的角色互换

对一名学生来说，使用评分量表是一种强大的学习体验。它让他们了解自己被评判的标准，并让他们体验身为老师或考官的感觉。

所有这些量表都有很大的益处，它可以帮助学生从比较客观的角度来概念化他们的工作，这能让他们更好地理解自己的工作是如何被解读的。

它培养了他们判断什么是好的工作的能力，反之亦然。

以下是学生使用评分量表进行同级评估的五种方法：

一、给学生一个评分量表，让他们用它来评价同伴的工作。在与考试相关的课程中，最好是让学生按照考试委员会提供的评分量表学习，而不是由你自己设定的。虽然有些学生一开始可能会觉得使用起来很困难，但学会使用它的好处是不可低估的，毕竟他们的工作最终将受到评估。

二、在开始一项工作之前，与你的学生一起制定一个评分量表。可以是一个合作的练习，在这个练习中，团队的所有成员都有机会做出贡献。当学生完成作业后，让他们两人一组，并通过评分量表对他们的伙伴做了什么进行同级评估。在一节课的后半部分创建评分量表，然后在下一节课中完成任务并进行同级评估，这是一个好主意，可以给你时间来打印评分量表。

三、给学生提供一个你使用的简化版的评分量表，这对于那些不能使用正式评分量表语言的小学生来说是很有效的。通过给他们一个简化的版本，就可以让他们体验到真正的东西，你会发现提供要点而不是连续的大段文字是很有用的。

四、给学生布置一道试题并打印出相应的评分量表，放大到A3纸张大小。当学生完成作业后，请他们与搭档交换。然后，每对学生将收到一张A3纸（理想情况下，评分量表的部分应该放在一张纸上）。他们从阅读和讨论评分量表开始。在此之后，他们会给同伴的工作评分。最后，两组人回到一起，交换反馈意见，同时明确提到评分量表。

五、在开始一项工作之前，花点时间和学生一起探索相关的评分量表。可以包括各种讨论、理解和应用活动的使用。重点是帮助学生理解他们的工作会受到评估，以及他们将用什么来评估他们的同伴的工作。

## ■ 同级评估的高效课堂活动

### *讨论同级评估：加深学生理解和思想重塑*

正如已经得到证明的那样，讨论同级评估对学生大有裨益。原因有二，一是形式，二是内容。我们先说后者——内容，对反馈意见的讨论是澄清评论和明确解释理由的好方法。在形式方面，讨论作为一个过程已经被证明有助于学生学到东西和增进学生的理解，因为它可以给学生提供表达自己思想的机会，处理讨论中的其他人所说的内容，通过个人对自己所表达的内容的反思而产生伴随而来的思想重塑。

这里有三种方式来组织同级评估讨论。使用特定的结构的好处是，它引导学生的谈话朝着你认为重要的目标进行。

一、合作伙伴轮流在同级评估中进行交流。你可以在黑板上展示出一系列的问题或主题区域，要求学生们的解释中必须涵盖这些方面，这些包括：你为什么要找出这些特别的优点？为什么工作中好的地方就是优点？你是如何挑选自己的优点的？你为什么要设定这样的目标或改进？它将如何帮助你的同伴学习？当学生解释时，他们的搭档应该提出问题，做出评论，并对所讲的话做出回应，你会看到基于第一个学生给出的解释而不断进展的讨论。

二、合作伙伴轮流采访对方。采访的主题是受访者对他们评估的工作的想法，以及他们所确定的优点和目标背后的想法。构建这个框架的一个好方法是在课堂上提出一系列采访问题。然后，学生们可以用这些来组织他们的讨论，但需要注意的是，如果他们愿意，他们也可以提出自己的问题，你也可以提供一个让采访者可以做笔记的表格。

三、研究人员给研究对象一组问题卡片，让他们随机抽取，然后进行讨论。首先制作卡片，在word文档中创建一组问题，在每个问题周围画一个方框。把纸打印出来，然后剪成小块，将对应的问题纸贴在每一张卡片上，然后堆成一堆，用橡皮筋固定住。每一对都有一组这样的卡片，这些问题应该是通用的，这样就可以与任何同级评估一起使用。例如，你觉得这项工作怎么样？这项工作的优点是什么？为什么？如何改进工作？这两件作品比较起来怎么样？你认为这个作品的结构如何？你能从工作中得到什么并在未来使用？如何将这两部分工作中最好的部分结合起来？

## 自我比较与同级比较：外界的适当刺激利于成长

这个活动是让学生思考观点和解释的好方法。它的工作原理如下：

要求学生对他们的工作进行自我评估，但学生不能透露自我评价的内容。然后，让学生们结成对子、交换作业，完成同级评估。这些都是可以分享的，学生们将他们的同伴所写的内容与他们自己的评估进行比较。最后，在接下来的讨论中，两人讨论他们所做的自我评估和同级评估，讨论应该集中在明显的相似和不同之处。

这项活动的最大优点是，它给学生提供了一个私人的、第三方的视角来看待他们的工作。在某些情况下，结果可能是相当相似的——甚至是相同的。然而，在许多情况下，这两种评估可能存在差异。差异可能是已经确定的优点、目标或改进之处导致的，也可能是对工作的整体反应或者评估人理解的方式不同导致的。

通过讨论，可以找出这些差异的原因并加以说明。学生之间可能会有不同意见。如果发生这种情况，不要太在意，这可以产生积极的影响，因为它会刺激学生为他们所做的评估辩护。这样他们可以整理理由、证据和例子，以支持自己的论点（他们所做的评估是论点——它们是基于证据得出的结论）。

为了鼓励学生仔细思考自我评估和同伴评估之间的差异，在活动中要给他们一些反思时间。在返回同伴评估和讨论开始之间的几分钟内，学生默默地思考已经写好的东西，并做一些笔记作为回应（或者写一些他们想向同伴提出的问题）。

在学生反思的这段时间里，你可以强调思考评估差异的影响对他们的重要性。此外，这可以帮助他们理解文本是如何存在多种解释的——并不是所有的解释都是一致的。

这是最后一个想法，你可能想为这个任务创建一个表单，它可以简单到把A4纸分成两半。学生们在纸的上半部分完成他们的自我评估，把它折叠起来，这样它就隐藏起来了，然后把纸递给他们的搭档，他们依次在这张表的下半部分完成同级评估。当返回表格时，学生们打开表格，比较两种评估。这种方法的一个好的方面是它的戏剧性。将评估表打开到最大尺寸，并将这两种评估结果并排显示出来，这种戏剧性能给活动增添一点趣味。

## 大声朗读和同级评估：朗读促进思考

写作和演讲有质的区别。虽然两者都使用相同的语言和许多相同的俗语，但是它们的特质却完全不同。以下是一些差异：

**写作**——永久、固定，对受众没有影响，通常缺乏补充，修正或修改耗时。

**演讲**——非永久性言语（除非有记录），说出来就消失了，对观众有高度的影响，经常补充（语调、转折、手势等等），易于纠正或修改。

这说明了为什么讨论是课堂实践的一个重要部分。它还说明了为什么在学生开始写一篇文章之前，给他们机会发言可能是有用的。

这个特别的活动利用了写作、演讲之间的差异以及它们互动的一个方面。它的工作原理如下：

学生成对或三人一组工作，他们轮流大声朗读他们的作品。当他们这样做的时候，小组的其他成员也在倾听。然后让学生再一次大声朗读他们的作品，其他小组成员听录音并做笔记。给学生一到两分钟的时间让他们集中思考。接下来是一个口头的同级评估，伴随评估人和被评估人之间的讨论。这个过程一直重复，直到小组的每个成员都经过了同级评估。

这个活动的优势如下：

- 大声朗读时，学生必须仔细思考他们的工作是否有意义，以及它是如何试图传达意思的。当学生们看或浏览他们的作业时，这两个因素很容易被忽视。
- 同级评估的学生将不得不密切关注对方说的是什么，这会促使他们仔细、积极地倾听。
- 口头的同级评估促进讨论，并给各方一个机会，来编辑和拓展他们的想法以及回应的想法。

## 无声的辩论和同级评估：静下心来的反馈

无声的辩论的工作原理如下：

在教室里分发四到五张大卡纸，每一张纸上都有一个与主题相关的问题或陈述。学生们安静地在教室里走来走去，他们在纸上写下评论。当他们写完后，他们会继续四处走动，只是现在开始要再对别人写的东西发表评论。在活动结束时，让小组或全班讨论一些大家做出的评论。

无声的辩论和同级评估的工作方式如下：

如上所述，除了在问题或陈述中插入匿名作业，或是你去年保留的作业之外，学生提出的意见包括优点、需要改进的领域和目标。在活动结束时，整个班级来讨论一些评论，或者把每一张大纸交给不同的小组，让他们分析上面写了什么，然后反馈给全班。

这个活动有很多优点：

- 它为学生提供了一个机会，可以评估若干工作，这扩大了他们的参考范围，使他们更容易思考什么是一篇与当前的主题相关的好作品。
- 学生有机会阅读别人的同级评估，这将给他们提供广泛的思考。它还可以帮助他们通过提供例子来比较他们所做的评估，从而完善他们自己的同级评估。
- 通过使用匿名的作品或是前一年的学生的作品，会使同级评估过程变得一致，这意味着学生们只能专注于同级评估本身（因此，为了做出判断，他们会分析与标准相关的工作）。这使得这项活动特别有利于锻炼同级评估技巧，以及从错误中学习。

你可能更愿意去追寻和拓展这项活动的可能性如下：

在这个活动结束之前，把班级分成和卡纸相同数量的小组（你需要提前考虑一下，以确保不会因为小组人数差距过大导致活动失败）。给每组一张纸，让他们分析同级评估，找出他们认为最引人注目的三个目标或改进。完成这项工作后，小组应重新进行原来的工作，同时考虑他们确定的目标和改进，通过让小组互相展示他们的新作品来结束活动。

## 多重同级评估：重复出真知

对学生来说，多次对同一份作业进行同级评估是一件大好事。这有两个主要原因。首先，这会让他们收到一系列反馈，这些反馈可能有时会重复，但可能也会包含对他们工作的许多不同观点。其次，可以让他们有机会分析所创造的作品可能被他人接受的不同方式。鉴于我们在课堂上所做的所有交流，无论以何种形式进行，都必然是为了向他人传达意义，因此，评估一个人是否成功地传达了自己的意图是非常有用的。

学生们还可以从完成一系列同级评估的过程中获益。同样，有两个主要原因。首先，重复会带来精通。当然，因为同级评估被嵌入到你的课程中，你的学生会不断掌握。尽管如此，这种活动所涉及的连续不断的同级评估将有助于提高（或加强）他们的技能。其次，分析和评估针对的是大量的工作，而不仅仅是一项工作，这让学生有机会扩大他们的知识面，了解在研究的特定主题中，工作的组成部分（不同标准的工作）是什么。因此，他们可以有更广泛的参考资料来判断自己的工作。

这里有三种方式，可以用来构建多重同级评估：

一、把学生分成4组。每个学生都要对小组其他成员的作品进行评估，在学生的作业本上或表格上写下优点和目标。当同级评估完成后，评论会返回给作业的作者，然后一起进行讨论。

二、学生们会得到一份表格，里面有9个优点和3个目标或需要改进之处。每个人都站起来在教室里面四处走动。学生必须找到3个人对他们的作业进行同级评估，并填写表格。

三、全班一半人坐下来，另一半人站起来。那些坐下来的人必须在他们面前的桌子上展示他们的作业。那些站着的人必须四处走动，并对坐着的3个人的工作进行同级评估。评估应该穿插坐着的学生和站着的学生之间的讨论和提问。当所有这些都完成之后，再把两部分学生进行交换。

## *标准是判断的基础*

当第一次向学生介绍同级评估时，与他们探讨标准的概念是值得的。这提供了一个切入点，以方便进入评估的本质和支撑它的逻辑基础。

下面我们可以思考一些例子来说明这一点：

- 当你给学生的作业评分时，你会参考一些在你的职业生涯中已经内化的标准。这些标准包括一般标准和特定标准，以及你之前评过分的作品示例。
- 当有人问你是否喜欢某样东西时，你给出的回应一定基于参考过的别的东西。要想喜欢某样东西，就必须先有你喜欢的东西做参考。因此，你是在参考它是什么、它做了什么，或者它让你感觉如何——与一些先前的知识相对照——你喜欢什么、你喜欢什么感觉，等等。
- 在驾驶考试结束时，考官会转向你，告诉你是否通过了。他们这样做是因为参照了他们在测试期间填写的考核表。它提供了一组包括小失误和大失误的标准。另外，考官在你开车的时候会提到他或她的经验、知识和理解力，以便判断你所做的事情是否与考核表上的错误相符。

标准是判断的基础。通过花时间与学生讨论这个问题，你将帮助他们更好地处理同级评估（以及自我评估）。你可以使用的一个游戏是，让学生画一所房子，然后在他们画完之后公布评估标准（例如：一个烟囱得5分，一扇门得2分）。这很容易理解，如果一个人不知道自己应该使用的标准，就很难做出准确的判断。

## *特定的焦点：助力批判性思维*

在许多情况下，同级评估会涉及评分量表的应用或者参考一组标准。这两项工作都是基于通用的工作，而不管评估的是谁的工作。这种做法有许多值得称赞之处。如果一个人从事一种职业，很可能会有一套行为准则或一套标准来评判他的工作。如果一个人为某件事创建了一个应用程序，那么很可能会有一组标准，所有应用程序都将根据这些标准进行评估。

然而，有时候，偏离这条熟悉的道路，并鼓励学生明确指出他们希望的同级评估的工作是关于什么的，可能会更有收获。要求同伴保持特定的专注会带来某些好处，而这些好处在其他地方是很难实现的。

首先，它鼓励学生批判性地思考自己的学习。如果他们要为同伴指定一个重点领域，他们必须仔细观察他们自己做了什么，以及他们到底在做什么。实际上，学生们将进行自我诊断。他们会对自己进行分析，以确定哪些东西会从别人的角度受益。

其次，它给学生一个机会，当他们在做同级评估时，思考一个他们迄今可能忽视的学习方面。被要求专注于别人选择的特定领域，会让学生思考这个领域，并根据他们自己的工作和同伴的工作进行反思。

在同级评估中，学生选择一个特定的焦点的一个好方法是：

在学生开始他们的工作之前，让他们反思他们最近的学习，他们应该认清自己做得好的方面和努力的方向。接下来，他们可以选择一些他们认为有助于通过目前的工作集中精力发展的方面。学生完成作业后，两人一组，让他们交换他们完成的作业，并向对方解释他们选择关注的重点是什么。指示学生在进行同级评估时，应该专注于同一件事，先进行评估，然后进行配对讨论。

## 随机同级评估：内涵更丰富

这一节的最后一个活动与之前的条目相似，它要求学生在同级评估中专注于一件特定的事情。然而，它也有不同，因为是随机选择的。这样做有3个主要的好处。首先，全班同学在同级评估中关注同一方面，这意味着随后的讨论将通过共享的知识和理解来进行，从而引出更丰富和更有目的性的谈话。其次，学生们被迫把注意力集中在他们以前可能忽略或从未考虑过的同伴的工作上。第三，这个活动有一种戏剧感——会挑出什么来？老师可以利用这一点来调动学生的积极性。

以下是5种随机评估的方法：

一、选择一个成功的标准，把每一个标准都写在一个单独的纸条上。把这些东西都放进帽子里，然后随便抽出一顶（或者让学生抽出一项）。

二、在卡片上写下一系列评估目标，然后打乱，请学生随机选择一个。

三、把学习相关的6个方面写在黑板上，并给它们编号，掷骰子（或叫学生掷骰子），以选择一个方面，让学生们将其作为基础来进行同级评估。

四、制作PowerPoint演示文稿。在每张幻灯片上写下不同的成功标准，按下播放键，并循环幻灯片。然后让一名学生喊出这个词："停!"这时，按退出键就可以停止播放幻灯片了。学生们关注的是成功标准，这在他们的同级评估中得到了体现。

五、为字母表中的字母分配一系列评估目标，学生并不知道每个字母代表的是什么。使用连续的字母，例如A到H。让学生从此范围中选择一个字母。无论那个字母所代表的评估目标是什么，都是他们需要关注的重点。

CHAPTER SIX

# 第六章

# 自我评估：自省才能升华学习能力

自我评估为学生开启了评估之旅，这让他们有机会利用标准来做出判断。此外，它鼓励他们确定优点并制定利用这些标准的目标。因此，它可以帮助学生更好地理解他们被评估的工作是什么、好的工作应该包括哪些方面，以及如何使他们自己的工作更好。最后要注意的一点是，自我评估鼓励学生从批判和发展的角度来看待自己的成就。因此，它帮助他们把学习看作一个过程——一个每个人都可以取得成功和进步的过程。

这一章有12个不同的条目，每一个都介绍了一种自我评估的方法，包含一个或多个活动，你可能用来完善自我评估，或一些值得密切关注的自我评估的部分。

每种方法都包含一个实用的重点，可以用于任何年龄段的任何科目。

## ■ 让学生理解并学会自我评估

正如书中其他地方强调的那样，任何判断都是与一些标准相关的。在日常生活中，这可能与很多事情相关。在课堂上，它很可能与学习有关，并且有可能是适用于特定主题或通用的。用来做判断的三种最常见的标准是评分量表、成功标准和过去的表现。后一种方法最好是将其概念化——是否实现了目标（另一种方法是判断是否维持了标准。你可能会觉得这很有用，但对我来说，这与学习或进步没有太大关系）。

学生们越是关注到自己用什么标准对工作进行评估，他们对工作的评估就可能越准确。此外，更好地了解评估标准可以提高工作质量，这是因为学生们知道了他们应该做什么来获得更高的成绩。

当我们考虑标准时，就不能只考虑它们的内容，这些参照点中还渗透着各种习惯问题。回想一下你第一次作为老师使用评分量表的情景。如果你教过不止一门课，回想一下当你第一次遇到一门对你来说是全新的课程时你的感受。这两种经历都可能令人不快，所以有一些术语需要深入讲解，人们必须接受语言所使用的媒介以及语言本身。

作为老师，这是我们熟悉的东西。在孩子的整个教育过程中，老师会教授他们这些内容和形式。例如，一个10岁的孩子学习科学，不仅仅是学习科学揭示给我们的世界的本质，他还了解了科学是如何看待世界的，以及科学是如何展示其发现的。

跳过这些，想想一个学习英语、历史和物理的18岁孩子是如何理解每一门学科在信息交流和理解方面都有自己的惯例的，这是关于每个学科的内容和概念结构的最重要的部分。

回到标准的问题，重点是，作为老师，我们有丰富的经验教授学生如何阅读和理解不同的体裁（广义上），评分量表之类的东西应该被简单地看作是另一种以这种方式处理的写作形式。以下是9个活动的集合，你可以用它们来帮助学生接受不同的标准，这样他们就可以自信而有技巧地评估自己的工作。

### ① 评分量表

**第一种方法：**在开始一项工作之前，给学生一份复印好的评分量表和一支荧光笔，让学生通读并标出他们不理解的单词或短语。指示他们应该谨慎认真，最好是多强调，让学生遵循指示，而不是强调不到位，导致学生理解有误。

当这一切完成后，你有两个选择：一方面，你可以邀请学生和他们的同学讨论他们强调的内容，他们将共同努力，努力消除任何不确定因素，并帮助彼此增进了解。另一方面，你可以带领全班进行小组讨论，邀请学生提出应该讨论的术语或词汇。

**第二种方法：**给学生发一份评分量表，把学生分成小组，给每个小组分配评分量表中的一段话，让小组进行分析，然后重写标记方案，使它对班上的每个人来说都是可以理解的。重写可能包括全面修订、小改动、补充摘要或带注释的修订，其中较难的短语或单词要附有注释。

**第三种方法：**在上课之前，打印一套评分量表，每组一份，把它们分成若干段落。在课堂上，把班级分成小组，说明每个小组可以按照自己的进度阅读评分量表，其目的是确保所有的学生对文档结构和内容都能理解。

首先给每个小组评分量表的第一部分，他们可以分析和讨论。当团队确信他们已经理解了评分量表的这一部分，他们就可以派一个成员到前面去取下一个部分。重复这个过程，直到每个小组都分析和讨论了评分量表的每个部分。如果一组比另一组完成得早，让他们总结每个部分，列出评分量表的总体目标，或者把他们分开，去帮助其他组进行分析和讨论。

**② 成功标准**

**第一种方法：**学生们在学校生活的任何一年里（甚至是多年来）都会

被要求做一些事情。例如，一个12岁的学生可能被期望完成以下事情：证明任何有理由、例子或证据的主张；仔细思考哪些词准确地表达了意思；回答问题或完成任务要求。

确定适用于你所教的年龄组的一般成功标准，把这些展示在你的教室里，并和你的学生讨论。向他们展示每一个成功标准的范例，把这些展示出来，总结为什么它们是好的。对于你要求学生做的每一项工作，提供（或同意）一些特定的成功标准，强调这些是对一般标准的补充，而不是替代。

**第二种方法：**和你的班级一起制定成功标准。这些标准可以是跨单元或跨年使用的通用成功标准，也可以是与手头任务相关的特定成功标准。你可能希望使用滚雪球、结对共享或特使等讨论技巧来组织任务。

这种做法有两个主要优点。首先，通过让学生思考哪些标准可能是合适的，你可以鼓励他们仔细研究评估的性质，以及在这种情况下，评估应该包括哪些内容。第二，通过与学生合作创造标准，你将促进合作氛围，并鼓励他们感受对材料的所有权，这反过来又会增加他们的动力。

要扩展此方法，请执行以下操作。一旦你与你的班级就一组成功标准达成一致，可以将这些标准分开，并将每个标准分配给不同的学生组。让小组想出一个例子来展示他们的成功标准，然后这些示例可以和全班同学分享（并展示出来）。这样拓展的目的是通过思考什么是好的工作来进一步构建学生的成功标准。

**第三种方法：**把学生分成3组或4组，让他们制作一个电视广告“推销”成功的标准，大约30秒长，并且应该重点解释成功的标准是什么以及为什么它们很重要，它还应该举例说明一个人如何努力去达到这样的标准。

在这个活动中，学生们积极参与制定标准。他们会分析材料，然后使用它以创造一些东西，其中它可以构成电视广告的一个重要的部分。因此，他们应该很好地理解这些标准以及满足这些标准意味着什么。当然，这个活动也很有趣。

### ③ 个人目标

**第一种方法：**这项活动最适合年轻学生参加。它鼓励他们想象自己达到了目标。无论目标是由老师、同学还是学生自己设定的，都是恰当的。它的工作原理如下：

向你的班级解释，实现目标的最好方法之一，就是思考你可以采取的小步骤。向学生们指出不积跬步，无以至千里。你可能喜欢用体育的比喻，打破世界纪录的人不会在一夜之间改变他们的时代。为了达到自己设定的目标，他们会进行一系列的小步骤（也叫训练）。如果没有这些小步骤，他们就无法在他们现在的位置和他们想要达到的位置之间跨越那么长的距离。

让你的班级思考一下为了达到目标他们需要采取的小步骤，鼓励他们找出其中的三个，然后通过海报或漫画把它们形象化。指示他们在工作结束时应该证明，他们已经成功地达到（或超过）他们的目标。

**第二种方法：**当给学生一个目标时，让他们与班里的其他3个人进行比较，说明目的是讨论目标之间的异同。这样做，学生将被迫仔细思考他们的目标意味着什么。比较的行为有助于一个人更好地理解这两个问题。

你可以给学生一些问题来指导他们的比较，这会鼓励他们考虑和思考目标的不同方面。例如，你认为你的目标和你的同伴的目标之间的主要区别是什么？你能在这两个目标之间找出什么相似之处？实现目标的结果会有何不同？为了达到目标，你们俩需要做哪些不同的事情？你如何向校外人士解释这些目标之间的差异？

**第三种方法**：重要的是解释或演示如何进行改进或如何实现目标，学习不应该是一场猜谜游戏。话虽如此，我明白对老师时间的要求可能会对每一个形成性的反馈补充解释或演示产生不利影响。此外，如果一个学生通过自我评估为自己设定了一个目标，很可能他们还没有完全的信心知道如何去实现它。这个活动提供了另一种方法，它的工作原理如下：

学生们被给予了一个目标，要么是他们自己设定的，要么是来自同伴或者老师。他们被要求花几分钟的时间思考这个问题，并考虑如何着手解决这个问题。接下来，全班同学被邀请站起来在教室里走动，老师要求学生们找一个同伴来完成他们的目标。他们应该和各种各样的人交谈，分享他们的目标，并询问他们是否能证明或解释如何实现目标。老师应该确保他们自己有空，并邀请学生来找他们，也可以去找他们的同学。

这项活动的前提是，在任何一个班级的学生，都可能会有很多的目标和优点。因此，很有可能所有的学生都能找到一个有能力和理解力的人来演示或示范他们目标的成功实现过程。因此，如果有人努力寻找同伴帮助他们实现目标，有一个后备的选择——如果你愿意，老师也可以算作其中一个可以交谈的人。

## ■ 让学生识别优点：自我认同是进步的阶梯

我发现，无论是在教学中，还是在生活中，很多人都在努力发现自己的优点。根据我的经验，我认为这是基于心理和文化因素，而不是由于分析能力的不足。

如果学生想从自我评估中获益，他们需要自信地发现自己的优点，并为支撑这些优点的判断辩护。在继续提供一些可以用来帮助你的学生的活动之前，我将简要地回顾一下我上面提到的障碍。

两个心理问题值得一提。首先是在反思自己的思想和行为以及自己的工作时所固有的困难，尤其是当你年轻的时候。随着时间的流逝和经验的积累，根据之前发生的事情来反思变得更加容易，这是我们所说的智慧的一个重要组成部分。

我们对世界的体验是完整的——它是我们遇到的一切，不多也不少。然而，这种经历同时也是片面的，因为它是我们所遭遇的，而不是别人所遭遇的。为了证明这一点，我们只需要看看两个不同的个体如何以完全不同的方式解释同一个规则。我不是说没有客观的现实，只是说我们每个人都有一份单独的体验。

就识别优点而言，这可能使个人很难分析那些构成他们是谁和他们是什么的那部分东西——他们做、说和创造的事情，要客观地看待构成我们经验重要部分的东西是不容易的。

第二个问题和我们密切相关。它是对我们所做的事情，我们如何行动，以及我们用我们的自我概念所产生的东西的认同。大卫·休谟指出，当我们审视自己的内心时，没有一件事情是我们能够确定的：“是的——那就是我。”相反，他认为有许多独立的事物，我们把它们合在一起称为我们自己。这些东西是经验、记忆、思想、想法等等。我们不需要进一步研究这个问题。我想说的是，我们认为自己是由许多不同的事物组成的，或者至少是由许多不同的事物组成的。

以这本书为例。我已经写了，你正在看。对你来说，它是一个外在的对象，你正在吸收的东西却被你自己的思想过滤了。我想象（虽然不知道）你正在读它，拓展对评估的学习和理解，当你去读它，挑出你同意的，或是你准备接受、拒绝或者质疑的其他的事情。对我来说，这本书是内在的，也是外在的。它是内在的，就像它是我所想的事物的一种表达一样（而且我还在继续思考），这是我思想的产物。它是外在的，因为它代表了我的思想以一种物理形式的实现——一种可转移的、可以被其他人分享的思想。

从一个人对自己的看法来看，这本书对你的影响不大，对我的影响更大。这是我认同自我的东西——这是组成我本人的众多事物之一。对你来说，阅读和使用它的经验，远没有那么重要（而且可能比写作时间要少得多）。

把这个论点转移到课堂上，我们可以看到，学生与自己的工作、思想、行为等的关系很可能与我们和他们的关系有质的不同。重要的是帮助学生把情感反应放在一边，而这可能是他们被要求深度解剖并与自己的内在某一部分进行接触的结果。重点必须放在学习上，这是一个每个人都参与其中的发展过程。自我评估必须被视为一种自我训练的方式，它不是关于一个人的工作、思想或行为的对错的问题，而是关于为什么它是好的以及如何使它变得更好的问题。

最后一个需要考虑的因素是文化因素。我是在英国长大的，也只在英国工作过。尽管接下来的评论可能会被其他文化所接受，但这些评论都是根据我自己的经验做出的。

一般人有一种倾向，就是避免强调他们做过的好事或他们性格的好的方面。我认为对此有很多解释。首先是希望别人不要生气，许多人认为谈论自己的优点意味着傲慢。这是因为这么做意味着自私，因为它可以唤起竞争的内涵（从某种意义上说，擅长某件事通常在语境中指比别人更好）。其次是害怕被挑战来证明自己的优点。第三个潜在的道德准则是，谈论与自己有关的好事就是贬低它。我认为这与基督教关于良善的观点（左手不应该知道右手在做什么）和康德关于义务的观点有关。我还要指出，所有这些感情都可以在许多宗教传统中找到，这些感情强调无私、爱和正义的感觉，这些都是我们大家都应该向往的伟大的美德。

这不是支持或反对这些观点的重点。然而，它是提供某种手段的重点，通过这些手段，我们作为教师可以在自我评估方面超越或规避这些情况。因此，这里有5个活动，你可以用来帮助学生确定自己的优点。

**一、创建优点银行。**把班级分成小组。向学生解释，活动的目的是找出尽可能多的与你所教的科目相关的优点。它们可以是通用的，也可以是特定的。要求每个小组列出尽可能详细的列表，或者把工作划分开来，给每个小组提供一个不同的关注点。在工作一段时间后，请小组来分享他们的想法。分享可以是整个班级的反馈、小组演讲或特使活动。老师可以整理这些优点，把它们放在教室的显著位置，或者给每个学生一份复印件，放在他们的作业里。然后，学生在完成自我评估时可以使用“优点银行”。

让学生参与同级评估任务，让他们找出与同伴工作相关的三个优点和一个目标。在活动结束的时候，让两三个学生（取决于你班级的学生总数）在教室里来回走动，记录每个班级成员的优点。然后，由老师整理这些内容，并创建一个文档供学生将来进行自我评估时使用。

**二、范例作品。**把学生分成两组或三组，给每个小组一个范例，让他们找出10（或15，或20）个长处。向学生解释，这个活动是一场比赛，第一个总结出优点列表的小组可以在比赛结束后马上发出信号，然后把这份列表读给全班同学听。学生们认真听讲，并被允许质疑任何他们不同意的优点。挑战必须有一个理由，比如，为什么这是一种优点，以及在范例作品中哪个地方可以找到。在这节课（或下节课）之后，要求学生进行自我评估。老师可以鼓励他们利用在活动中所做的工作来发现自己的优点。

**三、自我评估模型。**老师制作一幅作品，然后在全班同学面前进行自我评估，包括确定优点和改进目标。老师可以谈论他们在作判断时使用的心理依据。例如，解释正在使用什么标准来决定其是否是优点，或者用以确定三个特定优点而不是其他任何优点的推理过程。

**四、决定标准。**我们之前谈到了标准或参照物在判断过程中的重要性。这适用于自我评估。老师给学生提供成功的标准或一个评分量表，这样学生就可以用来评估他们的工作。或者，在完成任务和自我评估之间，与你的班级讨论他们可以使用什么标准来判断他们做了什么。你可能会问他们，如何知道一件作品是好的，或者他们如何知道一件作品的哪一部分是最好的。

你会注意到，所有这些活动都为学生确定优点的过程奠定了基础，可以把学生带到比他们自己能走的更远的地方。你可能还需要考虑另外两个要点，这两个要点都与学生能否成功识别自己的优点有关。

首先，营造一种温暖和支持的氛围，在这种氛围中，学习被视为一种不可或缺的好东西，在这种氛围中，每个人都可以提高，每个人都可以得到发展。我知道你无论如何都会这么做，但值得一提的是，这样的环境会让学生更容易感觉到他们能够发现自己的优点。这部分是因为它有助于消除上述一些抑制因素。

第二，熟能生巧。学生练习识别优点的次数越多，他们就越会得到更好的成绩。中期来看，接受最初的结果可能不是你想要的。

## ■ 帮学生设定个人目标：明确努力的方向

以下是五种帮助学生设定个人目标的方法：

**一、创建目标银行。这与前面介绍的优点银行完全相同。**

**二、为学生提供一份表格，他们可以用来追踪他们的目标。**表格可以是一个简单的形式，学生可以把它贴在作业的前面。表格上应该留有给他们填写目标的地方，也应该给他们提供地方，让他们填写如何达到目标，以及在哪里可以找到依据。你也可以给他们留下空间写下他们的优点。

**三、为学生提供一个评分量表，并要求他们确定他们希望的小目标。**要求他们分析评分量表，以便确定为了达到他们期望的目标，而必须达到的一系列小目标。然后，他们应该逐个完成这些目标。每次他们进步的时候，必须确保有证据表明他们是如何达到最后目标的。

**四、创建一个讨论活动，让学生们互相讨论他们计划为自己设定的目标。**学生们可以以两人一组、三人一组或人数更多的小组进行学习。要和他们强调这不是同级评估。相反，它是一种辅以讨论的自我评估，有双重目的。首先，它让学生有机会明确他们的目标。这可以帮助他们完善这些目标并更仔细地思考目标。其次，它允许学生与他们的同伴分享他们的想法并接受反馈。倾听另一种观点有助于学生反思自己的想法。它也可以帮助他们改变他们的方法或思考一些他们自己没有考虑到的东西。

**五、给学生几类选择，让他们从中选择一个来设定目标。**类别可以包括以下内容：结构、标点和拼写、问题回答、创造力、规划或语言。你所教的科目或题目将决定哪个类别最合适。我建议，最好是把类别划分得宽泛一些，而不是具体一些，因为这可以给学生提供更大范围的选择。你可能希望为每个类别提供几个示例目标，以便将学生指向正确的方向。

## ■ 与你的学生一起制定成功标准：保证学生未来航向

正如先前已经指出的，成功标准与自我评估有很大的相关性。如果学生知道他们需要被评估的是什么，他们就更有可能完成符合这些要求的工作。此外，有了正式的职责范围，学生们就能更容易地找到自己工作的优点、改进之处和目标。通过以下三个活动，你可以和你的学生一起制定成功的标准。

**方法一：在开始一项任务之前，把全班按照你想要的成功标准分成相同数量的小组（所以，如果你想要有5个成功标准，那么把班级分成5组）。**要求每个小组必须就他们认为学生在工作中努力达到的一个成功标准达成一致。如果你担心不同的小组提出相同的标准，那就给每个小组一个不同的类别，他们必须从中制定出一个成功标准，这样做就可以减少重复的可能性。

经过足够的时间后，请各小组选出一名代表，与全班同学分享他们的成功标准。依次把代表们召集起来，他们可以陈述他们小组的标准，解释他们为什么选择这个标准，并给出一个例子，说明符合这个标准的工作可能是什么样子的（提前申明希望每个小组都如此）。老师可以把成功标准记录在黑板上，这样学生在开始学习时就可以参考这些标准。

**方法二：向学生提供9项成功标准。**告诉他们，他们将两人一组进行工作，他们的任务是将这些标准排列成“钻石的九面”。这是指一个放在最上面，两个放在它的下面，三个放在中间，两个放在它们下面，一个放在最下面。在“钻石的九面”中，这些标准的位置反映了学生们对这些标准的重视程度。他们认为最重要的东西将被排在最前面，他们认为不重要的东西会被排在最后。

当两人对自己的“钻石九面”设计意见一致时，让他们和另外一对组成四人小组，小组成员之间可以比较他们对标准的排序，并讨论他们选择的原因。然后，老师宣布每个小组必须就他们乐于向全班提出的两个成功标准达成一致。每个小组依次分享他们的选择，由老师整理答案。

如果总共提出了3～5个不同的成功标准，那么就用这些标准来完成任务，让学生开始工作。如果超过5个标准，请全班同学投票选出他们最希望删除的标准。重复这个步骤，直到你把结果缩减到5个标准，否则，使用它们就会变得困难和费时。

**方法三：向学生介绍一项任务，然后在黑板上展示一系列可能的成功标准。**给每个学生便利贴，让他们选择两个他们认为最适合这项活动的成功标准。他们可以把选择理由写在便利贴上，然后按照自己选择的标准去贴在黑板上。老师统计选票并指出成功的标准是什么，他们也可以分享一些学生给出的选择的理由。如果有过多的成功标准获得了足够的票数，可以使用上面列出的方法进行淘汰。

## ■ 有效的学习回顾

很多时候，让学生回顾他们的工作并以某种方式改变它是有益的。就个人而言，如果某些学生完成了一个任务，而其余同学仍在工作，或者当整个班有时间重新审视他们完成的一件工作（例如，在课程开始时），我倾向于使用这种方法。

回顾工作，鼓励学生以批判的眼光来看待他们的作业，帮助他们看到他们所做的事情是开放的，而不是最终的和固定的。这里有三种方法来构建这样的回顾活动。

**方法一：重做工作的一部分。**这包括要求学生找出他们认为可以改进的工作的一部分。学生应该首先思考对某一特定工作的改进，然后回顾和分析他们做了什么。目标可以是他们选择的一份觉得低于标准的作业，也可以是他们觉得不错但知道自己能做得更好的作业。

当学生们确定了他们要重做的部分，他们可以记下为什么他们认为需要改进，他们打算怎样精确地改进它，以及为什么这种改变会成就更好的作品。你可以和学生讨论这个问题，或者邀请他们与坐在旁边的人分享。最后，让学生们把他们的改进付诸行动。

**方法二：重写所写的内容。**这包括要求学生看一篇他们写过的文章，从上到下进行编辑。他们的目标应该是创造一篇新文章，这是对第一篇文章的明确拓展。学生可以参考不同的角度，比如清晰度、准确性、使用语言或其他参照的方面。

当涉及重新起草的时候，和学生们分享一个关于绘画的比喻是很有用的。许多艺术家创作草图，然后逐步丰富成最后的作品。这些草图代表了他们第一次尝试去理解眼前事物的想法和感受。因此，他们付出了很多努力，并试图使他们的素描尽可能接近他们最终想要的结果。尽管如此，当涉及最后的作品时，草图很快就被降级为初级角色。它们只是让这幅画登峰造极过程中的一个点。

用这个去解释为什么要重写所写的内容，这可以帮助学生更轻松地完成进一步的工作。当你要求从头到脚进行再加工时，如同身处游戏中的逻辑可以缓和一些紧张的情绪。

**方法三：根据一些点来重写。**这个活动只比前两个稍微删减了一点，要求学生确定评分量表中的一个成功标准或一个要素，这个标准或要素他们在写作中没有成功实施。当他们这样做时，他们可以选择他们的工作的一个或多个部分，并且相应地重写这些部分。

## ■ 提升写作和阅读

这是一个很好的自我评估的方法，可以帮助学生发展阅读和写作技能。这是我上一所学校的一位才华横溢的同事介绍给我的。它的工作原理如下：

当学生表示他们已经完成了手头的任务时，要求他们"完善"他们的工作。如上所述，这些字母指的是拼写、标点和意义。学生应该回顾他们所做的事情，首先检查所有的拼写是否正确。如果他们发现任何错误，他们可以在他们的作业上写上Sp，并做出适当的更正。然后他们再次检查他们的工作，重点是他们是否正确使用了标点符号。如果他们发现任何错误，他们应该在空白处写上"P"，并做出适当的更正。最后，学生第三次检查他们的作业。他们这次要检查所写的东西是否有意义。如果他们发现任何句子或段落没有意义，他们应该在空白处写上"Se"，然后做必要的修正。当学生检查完作业后，他们可以和老师讨论他们所做的改变。

对我来说，这种方法有三个主要的好处。

首先，它可以缓解学生的学习压力，减缓学生的学习速度。通常情况下，学生们工作的目标是尽快完成他们的功课。作为成年人，我们可以认识到这种方法并不理想。更好的方法是在充分关注质量的同时，及时完成工作。SPS确保那些工作很快（可能也太快）的学生重新审视他们所做的事情。在某些方面，这种评估类似反思，它帮助学生理解为什么在这种情况下，匆忙不是一个人应该追求的目标。

第二，它鼓励学生密切关注他们所写的东西。一个非结构化的自我评估可能会使学生对自己的工作视而不见，或者对工作的批判性不那么强。SPS的具体结构意味着学生们必须仔细观察他们写的每一篇文章——而且要看3遍。

第三，将评估划分为三个单独的类别——拼写、标点和意义——有助于学生理解在看自己的作业时应该考虑什么。参考标准是明确的。此外，由于这些标准被分解为三个独立的元素，学生们更容易掌握（并记住）它们。

## ■ 学生可以挑战的高阶任务

前面都是关于鼓励学生仔细阅读他们所写的东西，从而找出如何改进它的方法。这段文章提供了另外三种方法，你可以让学生完成这样的自我评估。与SPS不同的是，这些活动更具挑战性。在决定哪些方法最适合帮助学生学习之前，你需要判断你自己的学生处在哪个阶段。

**方法一：逐行评估。**尽管这一过程可能很费力，但可能会产生显著的结果。它要求学生逐行检查他们的作业，找出任何可以改进或改变的地方。他们可以列出一份清单。完成后，他们可以通读他们的清单，并将类似的改进和修改组合在一起。最后，他们应该选择一件他们认为最紧迫的事情，并把它作为他们的改进目标。

在这个过程中，你可以通过提供一系列他们在工作中可以寻找到的东西来支持学生，这可能包括以下内容：正确使用关键词、正确拼写关键词、正确使用标点符号、符合逻辑的句子结构、句子之间清晰地连接，等等。

**方法二：编辑**。这是受雇于出版公司和报社的人们的工作。这些人阅读由作者提供的文本，旨在改进它，为出版做准备。向学生介绍编辑的5C标准：清楚、正确、简洁、完整和一致。让他们检查他们的工作，让每一个“C”代表的标准都能准确地应用到他们所写的东西上，如果不是这样，要求学生做必要的修改。

**方法三：大声朗读并修改**。正如在其他地方已经提到的，大声朗读是一种有力的评估方法，它与书面语不同，在书面语中，没有意义的句子可以被掩饰，然后推断出它们的意思。如果你大声朗读这样的句子，听起来就会明显觉得不对。

学生完成作业后，让他们自己大声朗读。他们可以在他们的文章上做注解，记下需要润色的单词、句子或段落。他们应该继续改进和重新评估他们的工作，直到他们能够完整地阅读，不再识别出任何错误。

## ■ 善用辅助文具

荧光笔是学生完成自我评估时可以使用的工具，以下是你可以尝试的三种活动：

**方法一：给学生已经完成的工作提供评分量表和三支荧光笔，每支笔都应该是不同的颜色**。让他们用这些笔来突出显示他们已经成功完成的评分量表的各个部分，以及为此提供依据的部分。

这么做的结果是一个评分量表和一份以平行颜色突出显示的作业，例如，如果评分量表说学生应该表现出良好的知识和理解能力，那么学生可能会用黄色来突出这一点，然后在他们的作业中突出显示他们已经表现出良好的知识和理解能力的例子。

在活动结束时，学生能够以引人注目的视觉方式看到他们所取得的许多成就。此外，还可以清楚地看到，他们还没有完成评分量表的哪些部分，这可以帮助他们设定适当的改进目标。

**方法二：在学生开始一项工作之前，要求他们写出他们目前的目标。**当任务完成后，分发荧光笔，让学生在目标旁边画一个粗点，然后他们可以仔细检查他们的工作，并突出他们在哪些方面达到了目标。如果学生找不到什么可以突出显示的地方，那么他们就需要仔细思考他们是否理解自己的目标，是否理解如何将其付诸实践。

**方法三：学生完成一项作业后，给他们两支荧光笔。**解释一支是“优点笔”，另一支是“目标笔”。学生应该首先突出他们做过的三个好的方面，并在底下写出每一个分别是什么，以及为什么它们代表好的方面。

其次，学生要在他们的作业中回顾和突出一件可以改进的事情，然后他们把这些写在下面，解释为什么需要改进，并指出下次他们会做什么来确保这种改进。

这项活动有助于学生将自己的长处和目标与工作的具体方面联系起来，它也提供了积极的强化，这是因为它清楚地显示了优点多于改进之处，它向学生证明他们做得很好。

## ■ 学习目标：师生合作完成

学生不可能总是有成功的标准或一份评分量表来评估他们的工作，事实上，你可能并不总是希望他们拥有这些选项中的一个。另一种方法是让学生运用他们自己的知识和他们以前的学习经验。不过，有一种可能性一直存在，那就是利用学习目标作为可以进行评估的对象。

学习目标有很多目的：

- 向学生指出课程的内容。
- 告诉学生课堂可以帮助他们做什么。
- 帮助老师做计划。
- 尽量减少歧义。
- 在框格中打钩。

我提到最后一点，是因为对于一些老师来说，这就是他们的感觉——为了取悦别人，他们必须做些什么。值得注意的是，一个好的课堂并不仅仅依赖于它有学习目标而已，因此老师的这种感觉显然是荒谬的。

前两点很重要，我敢打赌，大多数老师都会同意，如果学生知道这节课是关于什么的，以及这节课到底想要帮助他们做什么，他们会做得更好。关键是，虽然学习目标提供了一种实现这些目标的方法，但它们并不是唯一的方式。

就我个人而言，我认为学习目标是一种快速和方便的方法，通过它向学生传达这堂课将是关于什么的，以及它将帮助他们做什么。我也认为它们可以在许多方面对老师和学生有益。其中一项工作如下：

用你的学习目标作为学生自我评估的主要标准。在课程结束时留出5到10分钟，让学生思考他们是否达到了学习目标，如果他们达到了，他们有什么证据来证明这一点。可以使用以下方法：

- 学生两人一组，讨论他们是否已经达到了学习目标，然后把自己的想法写在作业里。
- 学生写一段话，解释在多大程度上他们认为自己达成了学习目标。他们可以提供证据来支持他们的主张。可以以他们在课上所做的例子的形式出现。
- 学生在他们的作业中画一条线，并在两端贴上“完全”和“一点也不”的标签。老师问：“你在多大程度上达到了学习目标？”学生们在答题卡上写上自己的答案，然后写一段话来解释为什么会这样。如果有必要，他们会为自己设定一个改进的目标。

## ■ 使用制式表格：鼓励反思

制式表格是帮助学生自我评估的一个很好的方法。它可以帮助学生完成这些活动，使他们更容易开始和完成。此外，它们可以鼓励学生以某种方式思考或反思他们工作的特定领域。下面是一个示例表单，你会觉得它超便利。

把一张A4纸分成3份，在最上面的三分之二处画3个大小相等的格子，在倒数三分之一处，写下以下问题：

（1）这一课你学到了什么？

（2）你认为你今天的工作有哪些优点？

（3）你今天用过什么技能？你用得好吗？

（4）你今天学了什么新知识？举例说明如何或何时使用它。

（5）你怎样才能改进你今天所做的工作？为什么会有进步？

（6）根据今天的课程和你所做的工作，你下节课的目标是什么？

（7）今天你会怎么做不同的事情？为什么？

（8）你在今天的课上做的最好的事情是什么？为什么？

（9）你在课程开始时并不知道，但现在你知道了什么？

（10）我们未来如何在今天的学习基础上提升？

为你的班级制作足够多的表格，并在课程结束时分发。请学生选出3个问题，他们可以把这些写在3个格子里，然后开始回答。

## ■ 学习日志：过程追踪

学习日志是学生追踪自我评估的一种方式，可以让学生和老师看到在他们很长一段时间内取得的进步。学习日志提供连续性，帮助学生发展他们的反思技能。

这取决于你如何设计学生使用的学习日志。以下是一些可能的方法：

- 为每个学生提供一个空白的练习本，在上面标注标题“学习日志”和他们的名字。
- 创建一个定制的学习日志。你可以使用Microsoft PowerPoint或Microsoft

Word制作一系列页面，其中包含学生使用的说明和指导页面，其中一些可以是高度结构化的形式，而另一些则可以相对开放。

- 和你的班级一起学习创建一个学习日记。解释文档的目的，然后把学生分成小组。给每个小组一个不同的类别，并要求他们为学习日志制作其中两页。在课程结束时，收集小组完成的页面。复印这些材料，制作一本小册子，在下一节课发给所有学生。你可以给不同的组分类，包括反思、优点、目标、学习目标、图表、同伴比较等等。
- 创建一个日记编排格式的学习日志。
- 如果你有电脑，让你的学生使用在线日志。这可能是一个Microsoft PowerPoint或Microsoft Word文档，你可以创建好，然后与你的学生分享。另一种方法是让学生写一篇关于他们学习的博客，最好把它放在你们的内部网站（学校内部）上，而不是在互联网上（公开访问）发表。

## ■ 技能和知识审核：将变化摆到台面上

一学年是很长的时间，通常在学校里，随着日子一天天地过去，课一节接一节地上，我们忽略老师教了多少，学生学了多少。

一个学生在一学年的开始所知道的和能做的，与他们在一学年结束时所知道的和能做的有很大的不同，这一点很明显。然而，值得一提的是，很难观察到以及近距离体验到这些逐渐的变化。我上周参观了曾经任教的一所学校，我以前的导师组里的一些学生在很短的时间里发生了很大的变化——包括他们的外貌和智力。当然，对我以前的同事来说，这种变化并不明显。缺席一段时间后回来，我的参照物完全不同，这使得对比鲜明，因此更加感人。

技能和知识审核可以为学生创造这种体验。它的工作原理如下：

在学年初的时候，创建一个包含所有你要在课堂上学习的东西和所有他们需要使用和发展的技能的文档。在每一项的旁边，留出5个框表示信心水平。这些可以包括：不自信、有点自信、相当自信、很有信心和超级自信。

你的文档可能会有5页或更多，这都是正常的。它可以显示你和你的学生在一学年中会做多少事情。

在学年初，把审核报告发给学生，让他们在上面写上自己的名字。然后，他们应该仔细检查并指出他们对每一项技能或知识领域的感受，并在相关方框中打钩。

在一学年中的不同时间，要求学生再次拿出他们的审核表，并使用不同的颜色来表明他们现在对各种技能和知识领域的感觉。每个环节都将为你和你的学生提供一个机会，以确定已经取得了多大的进展，信心水平在哪些方面得到了最大程度的提高，以及哪些方面需要重新审视。到年底，很可能每个学生都会有一份用不同颜色装饰的文件，清楚地展示他们学到了多少。这将类似他们花费在课堂上的时间的进度记录（并且可以被他们的下一位老师用作诊断工具）。

CHAPTER SEVEN

# 第七章

# 给予反馈：教师的作用在于画龙点睛

与其给学生打分或评级，不如指出他们的三个优点和一个目标。优点可以证明学生做过的好的方面，并且让学生明白为什么这些被认定为优点，目标应该指出学生为改进他们的工作可以做的事情。此外，老师还应该向学生解释为什么这是一个改进，如果可能的话，还应该包括一个改进的示例。

通过给予学生三个优点，你就可以帮助学生接受发展性的评论。他们会体验到成功，因此会更有动力去实现你设定的目标。不要试图给出比这更少的优点——要保持高频率。也不要试图给出更多的目标——一个就足够了。完成了这些之后，你就可以去做别的事情了。

重要的是，你所有的优点和目标都集中在学生的学习上，或者是与之密切相关的事情上。这样一来，你就是在指导他们如何变得更好。此外，通过解释为什么优点代表好的方面以及目标可以带来改进，你就为学生开启了评估标准，使他们意识到他们被评估反馈的是什么（他们被要求做什么，以及学习什么）。

本章分为两个部分：

**一、优点示例。**我提供了200个你可以给学生的优点的例子，这些优点被分为十大类。它们都是通用的，没有一个是有关特定主题的。你可以即拿即用，在评分的时候使用它们，或者你可以把它们作为发展自己优点的基础。

**二、目标示例。**这一章的目的是使你提供形成性反馈的过程尽可能简单，这些例子和列表将节省你的时间。

### 优点

- 论证技巧
- 内容问题
- 精通掌握
- 深层思考
- 表达和倾听
- 精确度和准确度
- 语言和词汇
- 培养创造力
- 与他人合作
- 阅读和写作

### 目标

- 论证技巧
- 内容问题
- 精通掌握
- 深层思考
- 自我评估
- 精确度和准确度

- 表达和倾听
- 语言与词汇
- 培养创造力
- 分析技巧

## ■ 真诚夸奖学生的做事方法和思维

### *论证技巧*

1. 你运用得很合理。你已经清楚地表明为什么你认为我们应该接受你的论点为真。

2. 你自始至终都在使用清晰的推理。这意味着你已经说明了为什么你认为某些事情是这样的。这表明你已经仔细分析过了。

3. 你用证据来支撑你的论点，你做得很好。这使你的观点更有说服力，因为这样做提供了充分的支持。

4. 这是极好的证据选择。你选择了一些与你列出的理由明显相关的东西，这使你的论点有逻辑性和说服力。

5. 你很好地使用了例子。你已经仔细思考过如何最好地解释你的观点，这让读者更容易理解你想说的话。

6. 你用的例子很有见地。它们展示了你对主题的理解，表明你可以通过论证清楚地表达这一点。

7. 你自始至终都表达得很清楚。这意味着你的论点很容易理解，并且能准确地向读者传达你的观点。

8. 你已经表达了你对这个话题的看法，你做得很好。这表明你在课堂上思考得很认真，注意力很集中。

9. 你的论点很清楚，因此很容易理解。

10. 你已经清楚地表达了你的观点，并将它们按顺序排列，这有助于读者了解它们之间的联系。

11. 你为论点选择了一个好的结构。它创建了一个有逻辑的流程，使你的文章更容易理解和更具说服力。

12. 通过把你的观点收集到两个不同的部分中，你已经建立了一个结构良好的论点。

13. 你在论证中充分运用逻辑，让读者很清楚你的观点是如何相互影响的，这使你的论点更有说服力。

14. 你的逻辑结构很好。因此，你的各个点结合成为一个无缝的整体。

15. 你在句子中很好地使用连词来创造连贯性。很明显，你已经仔细思考过如何把读者从一个点带到另一个点上。

16. 你很好地把你的论点和问题联系起来。这有助于你始终集中精力工作。

17. 你已经想出了一个非常新颖的观点。这使你的论点有趣、引人入胜、吸引读者。

18. 你已经拓展了一系列的原创论点。这表明你一直在仔细思考这个话题和你对它的感受。

19. 你的论点显示出令人钦佩的协调程度。这让读者觉得，在得出结论之前，你已经准备好考虑各种不同的观点。

20. 这是一个非常全面的论点，包括赞成和反对的观点。这显示了你对主题的谨慎和批判性的参与。

## 内容问题

1. 你做得很好，你的工作显示了我们所学的知识。

2. 很明显，你已经对关键内容有了很好的了解。这一点从你在工作中使用它的方式就可以看出来。

3. 你在工作中很好地使用了核心概念。从你的作品中可以清楚地看出，你了解这些信息并知道如何准确地使用它们。

4. 你的工作展示了对主题中核心概念的良好理解。你已经清楚地演示了它们的含义并提供了示例。

5. 你的工作自始至终表现出高度的准确性。很明显，你一直在密切关注我们的研究。你做得很好。

6. 你准确地运用了我们一直在研究的内容。从你的作品中可以清楚地看到，你已经仔细地思考过材料，你确切地理解了它是什么，意味着什么。

7. 在你的作业中，你能正确地使用关键词。这表明你知道它们的意思，并且有信心把它们付诸实践。你做得很好。

8. 你非常小心地确保精确和准确地使用我们在课上学习的关键内容和概念。很棒的工作。

9. 在你的作品中有一系列真实的内容。这种广度表明你已经真正掌握了这个主题，并且你完全理解了它所包含的内容。

10. 通过使用一系列不同的观点，你已经展示了你对这个主题出色和深入的理解，你的工作做得很好。

11. 在许多地方，你已经明确说明了你的意思，或者你使用关键词来表示什么。这很好，因为它清楚地表明你在认真思考这个话题。

12. 很明显，你在选择工作中使用的示例时非常小心，这表明你对内容有很好的了解——否则你将无法做出这样的选择。

13. 你的工作表明你清楚地知道什么时候使用关键词是合适的。

14. 你的工作清楚地表明你明白我们所学的不同部分是如何联系在一起的。这很好，因为这表明你对这个话题有广泛的思考。

15. 在你的工作中有很多例子，你已经按照自己的方向拓展了我们在课程中看到的观点。这表明你有独到的想法，并且渴望把观点变成自己的想法，你做得很好。

16. 你很好地利用我们在课上学习的知识设计了一个原创作品，这展示了你是如何理解内容，然后用它来表达你自己的想法的。

17. 你出色地分析了我们一直在研究的核心概念，你已经把它们分解了，清楚地说明了它们是如何工作以及它们是如何组成的。

18. 你很好地利用了你的分析技巧，把内容分解开来，以便解释清楚，这表明你对我们一直在研究的内容有了很好的理解。

19. 你很好地应用了我们在课上看到的观点。你的工作表明你知道这些方法是如何起作用的，以及何时适合使用它们。

20. 从你的工作中可以清楚地看出，你了解如何使用我们一直在研究的核心概念。我已经指出了一些要点，你使用得绝对正确。

## 精通掌握

1. 有明确的证据表明，你能够熟练地操作内容以达到你的目的。这很好，表明你对工作越来越精通。

2. 为了完成高水准的作业，你已经充分利用了我们研究过的材料，这表明你越来越能够区分出在任务要求下什么是有用的。

3. 在过去的几个月里，我看到你的工作有了很大的进展。你越来越能流利地表达自己的观点，你做得很好。

4. 随着时间的推移，你已经表现出越来越多的能力，使用我们在课堂上用技巧和准确性看待的核心概念。你最近的作品就是最好的例子，你做得很好。

5. 你的工作显示了实践的好处。显然，你一直在努力提高自己的技能，我很高兴地说，这是值得的，你要坚持下去。

6. 这份作业向我表明你一直在练习以提高自己。这样做的结果是，你可以更清楚地表达自己，并对我们所学的内容有更好的理解。

7. 在评估自己的工作和确定如何改进工作方面做得很好。你设定的目标是经过深思熟虑的，让我了解，你知道需要做什么才能在这门课上做得更好。

8. 我很高兴看到你在完成工作后对工作进行了评估，并进行了改进，这表明你能控制自己的学习，越来越独立。

9. 你最近的工作显示了对我们所学的关键词汇的更准确的使用。

10. 你的写作有了很大的进步，你已经拓展了你的工作，以便能更清楚地表达你的想法。

11. 很明显，你对我们一直在研究的核心概念有了很好的理解，你的工作表明你理解它们，并且找到了使用它们的方法。

12. 你对本学期我们一直在思考的核心概念进行了很好的探索。很明显，从你所完成的作品来看，你已经掌握了这些内容的真正含义，包括对如何使用它们的理解。

13. 你的工作表明你能掌握我们最近学习的内容，你可以越来越熟练、准确地运用它们。

14. 比较一下你目前的工作和你之前在本学期早些时候所做的工作，很明显你已经对这个主题有了相当大的了解，你做得很好。

15. 在很短的时间内，你已经掌握了我们一直在学习的新概念，并且现在正满怀信心地在工作中使用它们。

16. 自从我们开始学习这个主题以来，能明显看出你已经努力去拓展你的理解力了。这个成果可以从你最近的作业中看到，水准确实非常高。

17. 你的作业越来越多地反映了历史学家的风格（插入适当的其他术语）。你使用的是学科的惯用语，并仔细思考一个正在学习这门学科的人应该如何写作。

18. 你在课堂上所作的贡献反映了你对这个主题的理解越来越深。

19. 你的工作越来越熟练，从错误数量的减少和你在课上及课后所做的各种事情可以明显看出这一点，你做得很好。

20. 从你回答问题的方式，我可以看出你对这个主题的信心正在增强，这是你努力工作的结果，要坚持下去。

## 深层思考

1. 很明显，你对我们一直在研究的核心概念有了很好的掌握。

2. 你的作品表现了对主题核心概念的充分理解，这样做的结果是，你能熟练地表达你的想法。

3. 我可以看出你正在花时间探索我们一直在深入思考的概念。这很好，因为它显示了你对这个主题的清晰参与，也将帮助你进一步拓展你的理解。

4. 你的工作的一个特点是，你探索那些想法意味着什么，它们会如何影响人们和我们周围的世界，你做得很好。

5. 你总是在不同的想法、概念和例子之间建立不同寻常的联系。这很好，因为它表明你在认真思考工作，并思考如何与你学习的其他领域相联系。

6. 在很多我强调过的情况下，你把想法或例子以原来的方式连接在一起，这表明创造性思维与我们在课堂上所做的事情密切相关。

7. 你经常把我们正在学习的内容和你自己的经历联系起来，这有助于将你的学习融入背景，并表明你正在把它与你知道的其他东西联系起来。

8. 你使用个人经验来补充我们在课程中看到的思想和内容，这是非常好的，它让我们真正了解了我们所研究的东西在现实世界中的相关性。

9. 我已经用笔划出了一些与课程的其他领域有联系的地方，这真的很好，它表明你理解我们在课堂上做的工作不是孤立的，而是与其他学习领域相联系的。

10. 你充分利用了时事来举例说明我们在课上看到的概念和思想。

11. 你的回答表明你经过了深思熟虑。例如，这最后一篇文章思考了一系列的观点，其中许多观点不会立即显现出来。

12. 我很高兴看到你在工作上投入了很多心思。很明显，你在认真地参与我们在课堂上所做的事情。

13. 这是一篇极好的分析文章。你提供了材料的详细分类，展示了它是由什么组成的，以及各个部分是如何组合在一起的。

14. 你在工作中自始至终都表现出良好的分析能力，你已经仔细研究了这个话题。如果有什么不对的话，一点也逃不过你的眼睛。

15. 从你的评估范围来看，很明显你对内容有很好的理解。你强调了各种各样的优点和缺点，始终抓住了重点。

16. 参考你对主题和话题的理解，你对材料进行了批判性的处理。这是非常完美的工作。

17. 你所做的大部分工作都是高度原创和具有创造性的。这很好，因为这表明你已经准备好使用这些材料，并以你认为最好的方式进行拓展。

18. 你的作品很有独创性。这源于你对主题的了解，以及你对拓展自己的思想和观点的信心，你做得很好。

19. 你在努力学习，在完成所有的扩展任务。这真是太好了，要坚持下去，因为它有助于开发你的思维。

20. 你给出的扩展任务的答案表明你有能力深入思考这个问题。

## ■ 发掘学生的优秀品质和闪光点

### *表达和倾听*

1. 你清晰而自信地表达自己的观点，这很好，因为它可以帮助你表达你的思维和进一步拓展你的思维，这也意味着别人可以听到你的想法。

2. 在课堂讨论中，你经常提出自己的想法，这能帮助别人学习，也能让你了解别人对你想法的看法。

3. 在上个学期中，你多次在课堂讨论和辩论中做出非常全面的贡献，你做得很好。

4. 在很多情况下，你在课堂上做出的贡献推动了学习，帮助大家更好地理解这个话题，要坚持下去。

5. 当你在课堂上发言时，你表现得镇定自若，这显然是出于你对我们正在学习的材料有良好的理解，而这反过来又取决于你的努力工作和应用。

6. 你不害怕在课堂上发言或提出不同于别人想法的观点，这显示了你个性的独立性和优势——这是保持发展的两大特点。

7. 值得注意的是，你在课堂讨论前会先进行思考。这样做的结果是，你所说的是清楚的、合乎逻辑的和深思熟虑的。

8. 你的讨论贡献表明你仔细思考了如何表达自己。这很好，因为这意味着你的评论准确地传达了你的想法。

9. 通过自信的演讲和深思熟虑的推理，你能够在课堂讨论和辩论中有说服力地进行辩论。

10. 当你在课堂上发言时，你经常提出有说服力的论点。这些都是基于对语言的谨慎使用和对令人信服的理由、证据和例子的整理。

11. 我注意到，在讨论和辩论中，你会仔细听谁在说话。这表明了对演讲者的真正尊重，也是一种提升你自己的理解能力的强大方式。

12. 你经常能够很好地倾听。这包括看着说话人，集中注意力，如果合适的话，对他们所说的话做出回应。你做得很好。

13. 你在讨论中发表的评论表明你认真听取了别人的意见，这是因为这些与之前已经讨论过的内容直接相关。

14. 当你参与讨论时，从你的评论中可以清楚地看到，你接受了别人的意见。

15. 在整个学期中，你都对我们的工作提出了明显是经过深思熟虑的问题。这表明你在认真听课堂上讲的内容，然后分析材料。

16. 在很多情况下，你会要求其他学生解释他们的观点，举例说明或者阐明他们的观点，这很好，这表明你在认真地听，然后批判性地思考别人所说的话。

17. 在我们的讨论中保持开放的心态这一点做得很好，根据你所听到的，我见过你多次发展和改变你的观点，这表明你愿意听取不同的意见。

18. 在讨论中等待发言时，你表现出相当的耐心。这很好，因为它显示了尊重，也表明你在倾听别人的意见，即使你想分享一些东西。

19. 在整个学期中，在小组讨论、配对讨论和全班讨论中，可以清楚地看到你是如何支持其他人的，你干得非常好，你在帮助他们学习的同时，展现了令人钦佩的行为。

20. 你有着出色的语言适应能力和演讲风格，以便满足听众的需求。

## 精确度和准确度

1. 你在工作中清楚地表达自己的想法和理由。

2. 你的工作表现出高度的清晰性，这表明你在准确地表达自己的思想。

3. 我已经突出显示了一系列实例，你在其中正确地使用了关键术语，这表明你确实掌握了与这个主题相关的语言。

4. 有明确的证据表明你能够准确地使用关键术语，这显示了你对这个主题的良好理解。

5. 从你在课堂上所做的贡献来看，很明显你对这个主题有一个准确的理解。

6. 在你的工作中对主题的理解始终是准确的，这源于你对我们在课上看到的核心概念的了解，你做得很好。

7. 你在工作中不断地回答这个问题，一次也没有偏离，这很好，准确的回答意味着你正在做的事情完全符合别人要求你做的事情。

8. 在每一个答案中，你总是把你的观点和问题联系起来，这样可以确保你的回答精确地集中在问题的要求上。

9. 你在课堂上和家里的工作表明你非常关注任务要求你做什么，因此，你完成的作业一直都是高标准的。

10. 你分析了任务的要求，然后用它们来指导你的工作，这给我留下了深刻的印象。其结果是，对于你被要求做的事情，你的准确度很高。

11. 很高兴看到你如何使用评估标准来计划和执行你的工作，这就产生了高标准的作业。

12. 在规划工作时，你已经准确地使用了成功标准，你的作业就具备了获得高分所必需的所有关键点。

13. 有证据表明你对你的工作非常细心，它显示出对细节的高度关注。

14. 你的工作表现出对细节的高度关注，这使你能够创建准确的响应，显示了对任务所需的内容的仔细思考。

15. 我注意到你在许多地方改进了你的工作，这很好，因为这表明你在关注如何提高自己。

16. 我很高兴看到你的工作做得很出色，这表明你在批判性地看待你所做的事情，比较问题或任务，然后做出改进。

17. 在你的工作中，你选择了恰当的例子和证据来准确地支持你的论点。

18. 你对这项工作构架的选择是完全正确的，它使你能够满足任务的要求，同时也能展示出高水平的技能。

19. 你用自我评估来检查工作的准确性和精确性是一流的，要坚持下去。

20. 很明显，你是通过自我评估来拓展你的工作的，我能看到有证据证明你已经提高了你所完善的作业的准确性。

## 语言和词汇

1. 你很好地使用了我们一直在学习的关键词，你的作品表明你理解了它们的意思以及如何在句子中使用它们。

2. 很明显，你已经对主题中的关键词有了很好的理解。我已经标记了你在哪些地方正确地使用了它们——有很大一部分。

3. 你熟练地使用了专业词汇，这很好，因为它提高了你的工作水准，使它看起来更正式，更适合这个主题。

4. 专业词汇在你的作业中有一些很好的应用，很明显，你理解这些术语的含义以及应该在什么时候使用它们。

5. 在你的写作过程中，有证据表明你理解了如何用恰当的语言描写对象，并且知道如何正确使用它，你做得很好。

6. 你很慎重选择关键词，这表明你清楚地了解它们的正确用法。

7. 我已经标记出了一些情景，在这些情景中，你的语言选择表明你经过了特别仔细的思考，你选择了正确的词语来表达你的意思。

8. 从你的作品中可以明显看出，你在仔细思考使用什么语言以及什么时候使用它。

9. 你的作业表明，大量的词汇得到了很好的应用，它使你的文章引人入胜，有说服力，读起来很愉快。

10. 我对你所使用的各种词语印象深刻，我认为这些词语特别引人注目。

11. 你的写作更学术化，这很好。这会让你的工作更正式，不那么像一场谈话。你做得很好。

12. 我可以看到，你真的专注于发展你的风格，使其更具有学术性。你确实成功地做到了这一点。你的写作越来越适合我们正在进行的任务。

13. 你的工作越来越像历史学家/科学家/数学家了。你正在把这些学科的体系编织进你的写作中。请坚持下去。

14. 很明显，你知道一个历史学家/科学家/数学家应该如何写作，我看得出你正在把这门学科的惯例运用到你的工作中去。

15. 这是一件极好的作品。你已经真正理解了这个流派，并且使用了许多与之相匹配的规律和技巧。

16. 如我们所讨论的，我很高兴看到你在工作中运用了适当的戏剧元素，这让你的写作感觉更具一种风格。

17. 通过语言的使用，你已经达到了一个清晰的程度。你的意思表达得简单明了，你做得很好。

18. 我看得出你已经仔细考虑过使用哪种语言了，这是因为你的用词准确地表达了你想表达的意思。

19. 你的工作自始至终都包含准确的拼写和标点符号，这意味着它能被更清楚地传达给读者，这也展示了你的高水平的理解。

20. 在你的作品中，你使用了有逻辑的句子和段落结构，这有助于确保你的文章清晰易懂。

## *培养创造力*

1. 你的作品包含了许多原创的想法，这种创造性思维给我留下了深刻的印象。这表明你在推动自己，去拓展我们正在学习的概念。

2. 在你的工作中有很好的原创的想法，这些都显示了你对这个话题的仔细思考。

3. 你在工作中建立了一些不同寻常的关系，这很好，因为这表明你想在这个话题上拓展你的思维。

4. 我已经指出了你所找到的一些不寻常的联系。我喜欢这些，你的创意给我留下了深刻的印象，你做得很好。

5. 最近几周，你真的投入到课堂任务中，并把它们变成你自己的任务，这让你产生了创造性和原创的作品。

6. 你对这项任务的看法很好，它展示了一种真正独立的思想以及一些深思熟虑的、创造性的思维。

7. 你的工作很有创意，它超越了常规，将我们一直在寻找的想法引向了新的有创造性的方向。

8. 你最近几周在课堂上的创新表现，给我留下了深刻的印象，你的想法和建议真的帮助你的团队创造了一些奇妙的原创作品。

9. 你对任务的反应表明，你已经仔细思考过如何最好地表达你的想法，结果是富有创造性和原创性的。

10. 有明确的证据表明，对于我们最近一直在练习的分析任务，你已经创建了自己的反馈风格，你做得很好。

11. 你的工作的一个特点是，与课程的其他科目和领域建立了很好的联系，这种创造性思维将我们一直在研究的概念置于更广泛的背景中。

12. 我喜欢你在我们学习的内容和课程的其他方面之间建立联系的方式，你使用的明喻特别有创意。

13. 你已经把这个任务作为一个机会来深入探讨这个想法，并尝试在不同的环境下确定它可能意味着什么。

14. 你对思想的探索显示了一种创造性的分析方法，这一点在你使用不同寻常的例子来支持你的观点时尤为明显。

15. 你在工作中提到的例子表明你对工作有创造性的态度，它们让读者对熟悉的话题有不同的想法。

16. 很明显，你已经花了时间去拓展例子来支持你的观点，其结果是独创性的作品，而不是重复性的作品，你做得很好。

17. 我对你如何在你的答案中冒险感到印象深刻，这导致了一些特别富有创造性的反馈，这对我们研究的观点有了新的启发。

18. 以这种方式进行这项工作是有风险的，但结果非常好，你创造了一个不同寻常的原创话题。

19. 我很高兴看到你在小组中尝试不同的可能性，在课堂上进行配对作业，这让你可以探索学习的不同领域。

20. 你的作品显示出对我们所研究的各种可能性的深思熟虑。

## 与他人合作

1. 从你在课堂上的表现可以明显看出，你很会支持你周围的人，这很好，因为它显示了对他人的关心以及对如何帮助他人的理解。

2. 你不断地支持和你一起工作过的班级成员，这是一个强大的优点，你应该继续使用它。

3. 你这学期的小组作业帮助了班上其他同学的学习，这是你的功劳。

4. 你在课堂上做出了贡献，通过让别人了解你的想法来帮助他们学习，要坚持下去。

5. 你在课堂上展示了出色的领导才能。你准备好向前迈进，负责任务，帮助他人达到他们的最佳状态。

6. 在课堂上，你曾多次带领学生学习。当我们在小组中工作时，当我们进行全班讨论时，这种情况就出现了。

7. 你展现了与他人合作的天赋。这一点从你作为团队一员，帮助团队创建的作品中，就可以明显看出。

8. 很明显，你了解了成功协作的必要条件。你帮助你所在的小组在整个学期中创造了一些优秀的作品。

9. 当你参加小组活动时，很明显你会仔细倾听别人的想法。这体现了极大的尊重，也是成功分析的重要前提。

10. 和别人一起工作时，你的倾听技巧非常棒。我已经注意到一些情况：你帮助你的小组通过仔细聆听来理解彼此的观点，然后解释已经发表的各种观点。

11. 从你的文章中可以清楚地看出，你适当考虑了别人的观点。这很好，因为它让工作更全面。

12. 有很多地方表明，你已经接受了别人的建议。这很好，因为这表明你在认真思考自己的论点以及如何拓展它们。

13. 如果别人不同意你的观点，你不怕提出你的观点，仍然坚持你的立场，这是一种优秀的能力，因为它显示了独立和自信。

14. 我注意到很多情况下，你提出的观点是班上其他人不赞同的。你能坚持自己的信念，并努力说服别人相信它们是对的，那就太好了。

15. 你在课堂上花时间让别人跟上进度，集中注意力。这来自于你积极的学习态度和帮助他人的愿望，你做得很好。

16. 当你周围的人注意力不集中时，你很快就会把他们拉回正轨。这对他们的学习很有帮助，也很好地反映了你的品格。

17. 你对和你一起工作的学生产生了积极的影响，这源于你想要做得更好并积极参与学习的愿望。

18. 当你在团队中工作时，你会对你的同伴产生积极的影响，引导他们学习和完成手头的任务。

19. 我很高兴看到你指导其他学习者如何进行这项工作。值得称赞的是，你正在运用你的知识和理解来帮助别人学习。

20. 作为本学期的助教/学生老师/专家助手，我很高兴得到你的支持。你很好地利用了对这个主题的理解来帮助别人。

## *阅读和写作*

1. 从你的作品中可以清楚地看出，你完全理解了文章的意思，你的解释是清晰而准确的。

2. 你的回答表明你已经仔细阅读了课文，并且理解了作者的意思。

3. 你很好地利用了我们所看到的信息，这一点从你如何把它应用到你自己的论点中就可以看出来。

4. 从你的回答中我可以看出你理解了这些信息。你运用了知识、技巧和才华。

5. 你的工作包含一些优秀的分析。你把各部分拆分开，以便解释它是如何工作的。

6. 有明确的证据表明，这是经过深思熟虑的分析。你的文章明确地详细描述了影响我们正在研究的概念的各种因素。

7. 这是优秀的评价。在得出结论之前，你提出了一系列赞成和反对的观点。

8. 你的文章表现了对不同观点的仔细思考，以及对哪一点最有说服力的深思熟虑的判断。

9. 我对你如何将我们看到的材料融入到你自己的作品中印象深刻。这表明你在创造性地思考如何利用它。

10. 你做得很好，你已经成功地将许多不同的元素引入到工作中，使其具有目的性和方向感。

11. 从你的回答我可以看出你已经理解了我们一直在学习的课文。很明显，你能够使用技巧，精确地分析问题。

12. 在你的工作中有明确的证据表明，你对课文内容有了进一步的理解。

13. 我很高兴看到你的答案。你经常会提出额外的观点，并给出详细的例子来充实你的作业。

14. 在很多情况下，你会更详细地阐述你的答案。这很好，因为它表明你在认真思考这个话题，以及如何最好地展示你的知识和理解。

15. 你写作的细节水平是一流的。当你试图深入探索这些想法和信息时，你总会竭尽全力去做。

16. 你的分析令人印象深刻。你解释关键问题的详细程度，表明你对它们是什么以及它们是如何构成的有很好的理解。

17. 在你的作业中，你使用了各种各样的证据和一系列的例子。这很好，因为这表明你对这个话题有广泛的思考。

18. 在你的作业中有一系列很好的证据和例子，这向读者表明你对这个话题有深入的了解。

19. 从你的作品中可以清楚地看到，你能解读文本中的含义，你会注意到不同的层次以及它们之间的相互作用。

20. 我从你的作品中可以看出，你可以把课文拆开，从而引出它所包含的各种意义，这是高层次的分析，做得好。

## ■ 引导学生怎样主动思考和高效完成任务

### *论证技巧*

1. 给出理由来支持你的任何主张，使用逻辑来证明为什么你说的是正确的。例如："冰淇淋是最好的……因为它既甜又冰爽。"

2. 举出例子来支持你的论点。例子可以给观众一个真实的情况或案例，证明你所说的是真的。

3. 提供证据来支持你的论点。在现实世界中，证据意味着支持你的论点的东西。例如，"某某节目很流行，支持这一观点的证据包括观看人数超过1000万。"

4. 试着在你的文章中使用反向论点。一个反向论点与主要论点相反，通过展示为什么反向论点是错误的，你就强化了自己的观点。

5. 给出多种理由来支持你的观点。给出一个以上的理由，你的论点就会更有说服力。

6. 确保你的论点符合逻辑，每一点都应该清楚地与前一点和整体论点相联系。

7. 把你使用的不同理由关联在一起，展示原因如何关联可以使你的论点更有说服力。

8. 在写作中思考不同的观点，试着展示不同的人在同一个问题上可能会有不同的观点。

9. 对比你写作中的不同观点，展示它们如何相似或不同，并解释为什么会这样。

10. 提前计划你的论点的整体结构，把相似的观点和主题放在一起。只有当你写完你想写的关于某一特定领域的所有东西后，你才能继续前进。

11. 确保你的介绍清楚扼要，它应该解决问题，并指出你将写什么。

12. 确保你的结论简明扼要，它应该是一个简短的、评估性的总结，涉及你所提出的要点，而不引入任何新材料。

13. 在编写扩展参数时，尝试使用“赞成”和“反对”结构。首先看看为什么人们会赞成这个提议，然后看看为什么他们会反对它，这种体系会更加明晰。

14. 确保你得出的结论直接来自于你给出的理由。如果你得出的结论与你的理由（或证据）无关，那就不是一个有效的结论。例如：如果A，那么B；如果B，那么C。因此，如果A，那么C，这是一个有效的结论，因为它直接来源于前面的原因。

15. 确保你自始至终都回答这个问题，每一段都应该明确地回答这个问题。

16. 在你开始之前，思考一下你的主要论点是什么，这将确保你仔细思考你所提出的立场。

17. 用写作来说服别人。记住，你需要让人们相信你的论点是正确的，他们不一定同意你的观点。

18. 在开始之前，思考一下你想表达的观点，按照你认为最有说服力的顺序排列，写答案时要坚持这个计划。

19. 提前计划好你的答案，想想你的论点是什么，你会提出不同的观点，你会以怎样的顺序提出它们，这样做会增加你的文章的清晰度和说服力。

20. 评估你的论点，这意味着指出论点的优缺点。通过这样做，你将展示你对论点有效性的理解。

## 内容问题

1. 增加你工作中的细节层次，包括更多的信息和想法，将帮助你更仔细地思考这个话题。

2. 在回答问题或完成任务时，确保你的语言运用准确，正确使用特定主题的语言，使用词汇表、字典或词典来帮助你。

3. 在回答问题或完成任务时，要确保你是准确的，如果有人问你某个领域的问题，那就在你的回答中坚持那个领域。

4. 用证据来证明你在说什么或写什么，例如，如果你就这个话题提出了一个观点，那就拿出证据来支持这个观点。

5. 确保你的工作与主题一致。你应该能够将你提到的所有内容与我们关注的主题联系起来。

6. 学着使用我们看到的关键词、想法和概念，确保你熟悉它们的定义。这将帮助你正确地使用它们。

7. 回顾我们一直在研究的内容，并修改内容，制作抽认卡来帮助你。这样做，直到你对材料的理解更有信心为止。

8. 和朋友或家人一起工作，让他们测试一下你对我们所学内容的了解。复习你正在努力学习的任何材料，直到你每次都成功。

9. 确保你始终如一地评估我们看到的信息，强调它的优点和缺点，以及它可能对个人和世界产生的影响。

10. 确保你始终如一地分析我们看到的内容，这意味着你要将内容分解，并检查内容的不同方面，以及这些方面是如何相互关联的。

11. 当你完成了一项工作，回去检查你的关键词、概念和信息的使用。问问你自己是否正确地使用了这些词——如果可以的话，和你的搭档借助字典或课本一起检查一下。

12. 学着在日常生活中运用你从课堂上学到的知识，在家里、在学校或者在你外出走动的时候，寻找这样的机会。

13. 记住关键词和关键概念的定义，让朋友或家人来测试你。或者，把单词写在卡片的一边，把定义写在另一边，你可以用这些来测试自己。

14. 从一节课到另一节课，试着找出主题领域之间的异同，在你的回答中加入这些比较，它将展示对这个主题的广泛理解。

15. 思考我们学习的不同概念之间的关系，试着在你的工作中展示这些联系，展示这些不同的概念如何相互影响。

16. 在你开始写作之前，仔细思考写作的目的和读者是谁，相应地选择你的内容。不同的目的和不同的受众可能需要不同的内容。

17. 在作业的后面创建一个词汇表。每当你遇到一个新词时，把它和它的定义一起写在你的词汇表中。

18. 每当你遇到一个生词时，在接下来的几节课中，使用3次，这将帮助你熟悉这个词的意思和它可以使用的上下文。

19. 当你完成一项工作时，和一个伙伴交换作业，检查并评估他们是否正确使用了特定主题的语言。如果没有，举例说明如何改进。

20. 试着把我们在课上看到的内容和你在其他科目上的表现联系起来，在可能的情况下，在你的作业中找出这些联系。

## 精通掌握

1. 当你完成了一项工作，仔细检查并确定如何改进它。考虑到改进情况，重新做这项工作。然后，如果你有时间，重复这个过程来进一步完善你的工作。

2. 选择一个你觉得困难的方面，经常练习这方面，无论是在课内还是课外。寻找机会参与这个方面，反复这样做会帮助你接受它。

3. 一遍又一遍地重复某项技能，每次都要仔细检查你做了什么。找到方法，让每一次重复都可以改进。

4. 一遍又一遍地重复问题/任务类型，每次都要检查你的回答与问题/任务的关系，通过这个过程，你会更清楚地理解问题/任务的要求。

5. 反思每一课你所学的东西和你学到的方法，把你的想法记在日记里。用这些来分析你是如何学习的，反过来，你怎样才能最大限度地提高你的学习水平。

6. 花点时间反思你的工作与你在课堂上所学到的东西之间的关系，批判性地审视两者之间的关系，分析两者之间的关系。通过理解这一点，你就能更好地指导自己在这个主题上的学习。

7. 反思你在课堂上是如何运用所学知识的。你仔细思考过吗？你是否考虑过如何、何时以及为什么应该使用它？你是否意识到你的工作有（或没有）展示了你的学习能力？

8. 当你完成一项工作时，回头看一遍，并强调你在什么地方使用了新知识。完成这一步之后，确定将来如何使用这种用法。

9. 我们对主题的学习是如何被我们使用的语境影响或改变的？在你未来的工作中，思考环境对你使用的技能的影响。

10. 试着说明我们所看到的概念和想法如何在上下文中存在不同的含义或用途，通过未来的工作来拓展你的想法。

11. 在不同的语境下，通过比较和对比它们的用法和含义，拓展你对我们正在学习的概念的理解，在你的工作中明确这些对比。

12. 通过把它们放在不同或不太可能的情境中，看看它们的意义是否仍然成立，测试对我们正在研究的概念的理解，在你的作业中明确这些对比（包括适当的解释）。

13. 将你自己关于我们正在学习的思想和信息的工作与“范例范本”进行比较，例如关于这个主题的教科书。分析它们之间的差异，并确定你可以做什么来更接近“范例范本”。

14. 找到那些各自单独采用我们学科中核心概念的“范例”（例如，在教科书、书籍或期刊中）。把这些范例复制下来，作为你自己工作的标准。

15. 当你完成一项工作时，回顾一下，找出两到三种可以改进的方法。与其进行改进，不如写出为什么改进是件好事，这将帮助你积极思考在这门学科中成功需要什么。

16. 当你完成一项工作时，回顾一下，找出你使用过的所有新想法或信息。批判性地看待它，找出你做得好的地方，以及如何改进你对想法和信息的使用。

17. 确定我们课题的成功标准是什么，也就是说，你的工作正受到评估。一旦你确定了这些，用它们来计划你的工作。

18. 利用你对这个主题的了解，利用你之前的目标的积累，以及你工作的优势，来确定这个主题需要什么。一旦你选择了这些，就朝着它们努力。

19. 搜索专家使用我们正在学习的概念的例子（例如，在教科书、期刊或教育电视节目中）。把这些例子放在手边，在使用相同的概念时尽量模仿它们。

20. 当你完成一项工作时，仔细检查它，试着找出你可以做的一系列小的调整，这会带来整体的改进。对每一件作品，重复这个过程3～4次。

## *深层思考*

1. 你认为你的目标是什么？为什么？

2. 怎样才能使你的工作超越目前的工作？为什么这是一个进步？

3. 我们的下一个主题是X，找出关于这个话题已经有什么文章，并准备在未来的课上谈论和写下这一点。

4. 挑选出迄今为止你在作业中使用的所有特定的概念，解释一下，你认为自己是否正确地使用了它们。

5. 根据我们的题目创建一道试题，然后写一个答案。

6. 你会如何使用我们在其他科目/未来/你的生活中学到的东西？

7. 在你开始工作之前，写下你想要交流的内容，用这个作为指南，当你完成之后，作为一种方法，来评估你做了什么。

8. 在你的工作中考虑一系列的观点，设身处地为别人着想，看看他们的观点与你的有何相似或不同。

9. 评估你的论点，找出它们的优点和缺点，例如，“这个论点的核心优势是……”

10. 目的是培养与主题相关的批判性思维，以这样的态度看待问题：“这有多准确？证据是什么？这和我已经知道的有什么关系？”

11. 确保你的作业从开始到结束都合乎逻辑，不管它有多长，你作业的每个部分之间的联系应该是清晰和连贯的。

12. 使用字典和词典来确保你准确地使用语言，检查字词的意思以及是否在正确的语境中使用它们。

13. 把我们在课堂上看到的想法和现实世界联系起来，这可能包括时事新闻，或者人们在社会上做的工作。

14. 在可能的情况下，把问题分成不同的部分，依次处理每一个问题。

15. 确定问题中的命令词（这些是要求你做某事的词：讨论、检查、对比，等等），并确保你的回答始终符合这些词的要求。

16. 对我们看到的概念提出质疑，通过你的作品展示它们的意义是如何被质疑的。例如：“自由”对不同的人来说意味着不同的东西，因为有不同的原因。

17. 在完成你的工作后，写一个理由来解释为什么你会这样回答，详细说明你所做的选择以及你为什么这样做。如果这会导致你重写一些作业，那也没关系。

18. 当你完成工作时，写一个基于主题的扩展问题，然后回答问题。

19. 比较和对比我们处理的不同概念，确定概念之间的关系以及它们是否兼容或冲突。

20. 完成后，就你想知道答案的话题提出两三个问题，以研究答案来作为你的家庭作业。

## ■ 教会学生进行自我评估

### *自我评估*

1. 当你完成后，回顾你的工作，评估你是否达到了学习目标。如果达到了，解释一下怎么做。如果没有，那就改进它。

2. 当你完成后，回到你的工作，并使用SPS（拼写，标点符号，是否有意义）来进行检查，做任何你认为必要的改进。

3. 完成后，找出你觉得最自信的话题领域，以及那些你认为你需要做更多工作的领域，把这些记录下来，并在下次继续跟进。

4. 完成后，列出你仍然想要回答的问题。目标是在课后或者在下一课中找到答案。

5. 完成你的工作后，将它与你做的最后一项类似的工作进行比较。确定你是如何进步的，以及你下一步的目标是什么。

6. 完成工作后，把它与以前的工作进行比较。试着找出你正在犯的常见错误，并把它们作为改进的目标。

7. 当你完成工作后，回顾一下你的工作，找出3件你做得很好的事情和一件你可以改进的事情，在接下来的工作中跟踪这个目标。

8. 写完一篇文章后，大声朗读，问问自己这样做是否有意义；如果你搞清楚了，想想是否可以用更少的话来描述同样的事情，做任何你需要做的改变。

9. 完成后，拿出两支不同颜色的钢笔，一个用于突出你做得好的地方，一个用于突出你可以改进的地方。

10. 完成一项工作后，要批判性地阅读，这意味着你可以积极地寻找可以改进它的方法。一旦你这样做了，重新起草，使它更好。

11. 当你完成后，回顾你的作业，找出所有你用过的关键词，检查以确保你正确地使用了它们。如果没有，那就换一份作业。如果你正确地使用了它们，选择两个或三个并解释你是如何知道的。

12. 当你完成的时候，根据题目给自己写一个类似考试的问题，并给出一个评分量表，回答问题，然后评估你的工作。

13. 完成后，列出你在课程中学到的所有新信息和你练习过的所有技能，按照你认为的重要顺序排序。

14. 完成后，确定你工作中包含的所有概念。画一张地图，说明这些概念是如何联系在一起的。然后，确定你是否可以在你的工作中找出更多的联系。

15. 当你完成你的工作时，合上书，假设你是一个对这个话题一无所知的人。打开书，通读你写的东西，问问自己，你的答案有多清晰，你怎样才能让它们更清晰。

16. 完成你的工作后，为自己设定下一节课的目标。目标应该能够提高你的作业质量，并且专注于你学习的东西。

17. 当你完成后，回想一下这节课，找出你使用过的不同技能。把这些记录下来，评论一下你是如何有效地使用它们的。下节课，选择一个重点，并努力改进。

18. 完成后，逐字逐句地回顾你的工作。无论你犯了多么小的错误，都要努力改正。修改你遇到的每一个问题，只在完成后才能继续前进。

19. 在完成一项工作时，使用3种不同颜色的荧光笔，指出哪些部分你觉得最好，哪些部分还可以，哪些可以改进（或者你觉得需要帮助），每次重点关注最后两个方面。在这学期中，努力让你所有的工作都达到“最佳”标准。

20. 创建一个个人清单，列出你认为需要改进的5件事，使用这个清单来评估你做的每一项工作。一旦你能够坚持做清单上的所有事情，那就再写一个新的清单。

## ■ 提醒学生注意细节

### *精确度和准确度*

1. 确保你明确说明你的意思，避免泛泛而谈或含糊其辞，要具体。举例说明你想说什么。

2. 针对一个问题或任务所问的问题，调整你的答案，避免误入其他领域或离题。记住，更好的交流会更精确。

3. 当你完成了一篇文章，分析你是如何准确地使用主题的关键词和观点，使用定义、示例和源材料（如教科书）来帮助您。

4. 试着思考，你使用概念的语境会如何影响它们的意义，概念的含义往往因使用地点、时间和用途而异。

5. 在完成你的工作后，回顾一下，分析一下你在使用概念时是否保持一致，句子、段落和整体之间是否有差异？如果有的话，试着纠正它。

6. 在开始写一段话之前，思考一下你的观点是什么，它们是如何联系在一起的，以及它们应该如何排列，这将有助于你更准确地表达你的意思。

7. 练习使用我们在课上学到的核心概念和思想，这包括写、谈论，如果可能的话，使用它们，这样做可以帮助你更精确地使用它们。

8. 在你开始一项工作之前，思考哪些关键的想法是重要的。这样做之后，分析它们是否适合这篇文章。如果你很乐意，那就使用它们。如果没有，那就改变它们。

9. 目标清晰，清晰度涉及简单、精确和清楚，检查你完成的任何工作。问问自己，这容易理解吗？这是准确的吗？清楚吗？如果不是，进行必要的更改。

10. 当你完成了一篇延伸的书面作品，重写它，以便通过更少的词汇传达相同的意思，这将使你的工作更清晰、更精确。

11. 你的工作要有一个整体的连贯性，句子之间应该有连接，段落之间应该有连接，你所写的东西所引起的联想应该是清晰的。

12. 每当你完成一份作业时，大声朗读。当你这样做的时候，思考这些问题：各个部分有意义吗？各个部分之间的联系是否有意义？我讲明白了吗？如果你对这些问题的回答都是否定的，那就回去改进你的工作。

13. 记住，写作、说话和做事都是从你的想法中成长起来的。看看你所做的工作，并思考它们是否接近你头脑中正在发生的事情，如果没有，那就想办法缩小差距。

14. 当你完成一项工作的时候，让你的搭档大声朗读给你听。在他们读的时候，分析一下你想表达的内容有多准确。然后，做出任何你认为有必要的改变。

15. 经常使用字典，在你写作业的时候在旁边放一个，不要认为你对文字的理解是完全可靠的。用字典查一下。这样做会提高你的理解力。

16. 在你开始做你的作业之前确定：(1) 读者是谁；(2) 工作的目的是什么；(3) 成功的标准是什么？这可以帮助你为任务选择最合适的语言和风格。

17. 仔细思考你在课堂上使用的技能，挑出你做得好的例子，并将它们与你有困难的地方进行比较，利用你的发现来帮助你在未来做出改进。

18. 确定与你最擅长的科目相关的技能，这样做之后，分析为什么你擅长这些，利用这些信息来帮助你调整未来的工作，学习你的长处。

19. 熟悉我们课程的成功标准或评分量表，然后，将你的知识应用到你的工作中。

20. 在完成一项工作时，将其与成功标准/评分量表进行比较，分析你的工作离理想的工作有多远。

## 表达和倾听

1. 在发言之前，演练一下你要说的话，你可以在你的脑海里安静地做这件事，这可以提高你演讲的清晰度，确保你密切关注你的用词选择。

2. 思考一下你说话的速度，确保你说得足够慢，让别人理解你，又要足够快，让他们参与进来，这叫做找到正确的节奏。

3. 在你发言之前，考虑一下你的听众，不同的听众需要不同的演讲风格和不同的演讲方式。例如，当你和朋友在一起时，你说话的方式与你和父母在一起时不同。

4. 说话的时候，注意用词。你的语言质量对受众理解是至关重要的，不要使用不必要的、不恰当的或夸张的词汇和短语。

5. 说话要简洁，这并不意味着你的演讲应该尽可能短。相反，它意味着为你所处的环境选择合适的词语和合适的长度。

6. 在你发言之前，思考一下你发言的目的。是为了说服吗？需要澄清吗？是分享吗？知道你为什么发言，你就能相应地调整你的讲话。

7. 避免使用不必要的词语，类似“呃”“啊”，等等。用这种方式说话会减少你说话的影响力，也会让听众反感。

8. 用你的肢体语言和表情来辅助你的演讲，这包括做手势、自信地站着或坐着、眼神交流。

9. 练习使用不同的修辞技巧，使你的演讲更有说服力。例子包括：使用反问句、采用三段论、留下戏剧性的停顿。

10. 每堂课至少作一次口语交流。大声说话是一种重要的技能，它能使你与他人分享你的想法。它有助于人们理解你的想法，也有助于拓展自己的思想。

11. 当别人发言时，你要积极倾听。这意味着专注于他们所说的话。确保你在倾听他们说的话，并且你正在思考这些话的意义。

12. 如果你不确定某人想说什么，问他们一个明确的问题。例如：“你这么说是什么意思？”或者“你能详细解释一下吗？”

13. 确保你的肢体语言表明你在倾听。转身面对演讲者，看着他们，恭敬地坐（或站）着。记住，说话人想要看到你在倾听。

14. 确定说话人话中含糊不清的地方。当他们讲完的时候，问一些关于这些领域的问题，试着明确他们想说什么。

15. 当有人提出论点时，找出他们所依赖的关键点，做一个简短的笔记来提醒自己这些观点，这么做可以帮助你回应。

16. 思考一下如何将你自己的想法和说话人的想法联系起来，这会显示你一直在仔细地倾听，也将有助于讨论的发展。

17. 耐心倾听，即使你非常想说话，讨论和辩论以共同建立知识为原则。如果你只专注于你想说的话，你就没有完全参与。

18. 当两人一组或以小组进行工作时，要积极强调别人说的话，用这样的短语："我明白了""这是一个有趣的观点"，等等。

19. 在做笔记的时候，要尽量简短，积极倾听别人说的话是非常重要的，事后总可以做笔记。

20. 通过重新措辞来表明你已经仔细听过了，这可以作为你自己想法的引导，也可以作为对演讲者意图的澄清。

## 语言与词汇

1. 使用专业词汇，这表明你对这个主题的理解。一个简单的方法是，在开始之前确定重要的关键词，然后你可以在作业中寻找使用它们的地方。

2. 仔细考虑你的用词选择，使用字典或词典来确保你选择了正确的词来解释你在想什么。

3. 练习使用主题中的关键词，在每个答案中至少使用一个关键词。

4. 研究3个适合我们写作主题的新词，在你的下一篇作品中使用这些词。

5. 用更正式的词语替换任何你想用的俚语，例如，用"我的朋友们"来代替"我们哥几个"。

6. 当你完成下一篇书面作品时，大声朗读，改变任何没有意义或是可以解释得更清楚的地方。

7. 从我们的主题中创建所有关键词的术语表，在你写下一篇文章的时候使用这个表，以确保你正确地使用了这些词。

8. 确保你为我们正在做的作业选择正确的风格，例如，一封信需要正式书面语，一个故事可以包括笑话或幽默。

9. 一定要写好段落，使用这个规则来帮助你：每个段落有一个关键的想法（新想法=新段落）。

10. 对你写的每一段都使用“PEE”。P=论点，E=解释，E=证据，这会使你的文章更清晰。

11. 在做较长的工作时，制订一个简短的计划，你可以用它作为指南。当你写作时，它会阻止你偏离主题。

12. 当你写完一篇文章后，重读一遍，去掉不必要的词。

13. 当你完成了一项工作，通读一遍，然后重写它。你的目标应该是说同样的话，但要更清楚、更精确。

14. 确保你写的每个句子都符合前面的逻辑，这会让读者更清楚地了解你的意思。

15. 找到一些例子（从教科书、期刊、报纸等），这些例子都正确使用了我们的专业词汇，把这些例子复制到你自己的作品中。

16. 当你完成了你的工作，让一个伙伴大声读给你听，记下你如何改进你的写作，然后做出改进。

17. 一定要在你的回答中包括问题，否则读者就不清楚你在写什么。例如，问题：下雨的可能性有多大？下雨的可能性是……

18. 在你的写作选择上保持一致。例如，如果你从过去时态开始，就用过去时态。或者，如果你从第三人称开始，就保持第三人称。

19. 在你开始一段话之前，仔细想想你想说什么，这将有助于保持你的写作准确度并切中要点（避免开始写作，然后才思考你想说什么）。

20. 思考主题的要求。例如，科学需要清晰、直接的解释。第二个例子是，公民身份要求有说服力的论据。

## ■ 指点学生需要注意的其他方面

### *培养创造力*

1. 在你的工作中，试着与其他科目建立联系。寻找机会建立联系，这可以证明你对课程是如何相互联系的理解。

2. 在你回答一个问题或完成一项任务之前，思考一下你有哪些不同的选择，确定哪一个是最适合你的目标，然后坚持到底。

3. 当你完成了你的工作，回头看看，寻找你可以建立的联系，重写一部分你的答案，让它们包含这些新的联系。

4. 选择一个你觉得有趣的想法，并在你的工作中探索它，从不同的角度来看，试着把它和不同的东西联系起来，测试它的用途和相关性。

5. 把你的想法尽可能地付诸实践，来得出你的答案。通过不同的尺度来探索你的想法的含义：小、中、大；地方、国家、全球。

6. 结合我们的观点和你现有的知识，通过将概念联系在一起，你可以发现新方法来思考它们。

7. 在回答问题或完成任务时，思考一下你可以使用的其他选项。这可能意味着在你开始之前有其他的选择，或者在你的工作中有一些明显的选择。

8. 用不同的方法回答问题或完成任务来改变你的工作。例如，用图片或图表补充你的书面回复。

9. 在思考如何回答问题或如何完成任务的时候，找出一个你认为有可能有趣的想法。一旦你找到了自己的“金块”，就努力开发它，并在工作中探索它。

10. 试着找出问题或任务的中心思想。一旦你有了这些，思考一下如何在工作中创造性地拓展它们。这可以是通过联系，可以是通过尝试不同的可能性，或者通过在特定方向上遵循某种想法。

11. 你的风格是什么？在你开始一项工作之前，想想如何把它变成你自己的。风格并不意味着过分，这意味着要找到一种将你的个性和技能结合起来的做事方式。

12. 试着用不同的方式回答问题。思考任务的性质，考虑什么样的风格是最合适的。

13. 在工作中冒险。这包括：尝试新的方法、关注感兴趣的特定领域、在主题之外建立联系。

14. 试着冒点险将你的想法进一步推进。例如，如果你正在分析一个想法，那么通过将其扩展到相关的概念和实际情况来进一步分析。

15. 在你的工作中比较我们看到的想法和信息以及你知道的其他事情，用这些比较来创造性地思考这些想法和信息。

16. 把我们所学的和你已经了解的世界进行比较。寻找相似点和联系，试着把它们编织进你的答案中。

17. 你的目标是在课堂上保持独立，对你的工作做出决定，并坚持到底。这将帮助你创建自己的反应风格，而不是遵循预先设置的模式。

18. 在回应任务或回答问题时，力求保持原创性。考虑一下如何用你自己的思维方式来回答或回应。

19. 用不同的观点来创造性地思考我们所学的思想和信息。

20. 试着从新的和原始的方向去发展你的答案。考虑一下你会如何接受我们看到的想法和信息，并在上面加上你自己的想法和信息。

## 分析技巧

1. 详细解释你的答案，用更多的证据或理由证明你所说的是真的。

2. 举例来支持你的观点，用一个例子将抽象概念与现实世界联系起来，帮助读者更清楚地理解你所说的内容。

3. 在你开始一项工作之前，分析一下任务的要求。你可以做一个清单，如果你不确定的话，和老师核对一下。然后，用它来帮助你完成你的工作。

4. 通过识别任务或问题中的关键词来分析任务的要求，把这些挑出来后，一定要按照它们的要求去做。

5. 把你对问题或任务的不同想法分开，一个接一个地处理问题和任务，这会让你的工作更清晰更连贯。

6. 当你完成你的工作时，把它和你做的最后一件事比较一下，确定你目前的工作是如何改进的。如果不是，那就做得更好。

7. 更仔细地检查思想和信息，用这些问题来指导你：什么是关键因素？它是如何与其他想法或信息联系起来的？为什么它很重要？

8. 区分你想表达的不同观点，把它们分开，依次处理。

9. 当你完成你的工作时，仔细检查和分析你是否达到了成功的标准或达到了学习目标。如果没有，改进你的工作。如果有，解释一下你是怎么做到的。

10. 在工作中比较不同的想法，思考它们的相同点或不同点是什么，这可能意味着什么。

11. 当你写一个概念的时候，更详细地分析它，解释它的不同含义，或者它的不同用法，举例说明你所写的内容。

12. 在回答问题时，在进入下一个问题之前，详细解释你提出的每一点，这将有助于你深入地分析问题。

13. 当给你一项任务时，分析一下为了成功你需要做的事情，把它们列出来，边进行边打钩。

14. 在你开始工作之前，对你打算做的事做一个快速的计划。当你完成时，把你的计划和你做过的工作比较一下，确定你跟它的关系有多密切，你是否需要做其他事情（或者你下次是否需要改变计划）。

15. 当我们研究下一个话题时，试着找出哪些想法和信息是最重要的，这将有助于你关注主题的中心元素。

16. 花更多的时间来决定你将专注于哪一项工作，这将有助于指导你朝着一个目标努力，而不是分散在一个范围内。

17. 当开始一项任务或回答一个问题时，考虑不同的可能性，将这些与成功的标准进行比较，确定哪一个是最好的。

18. 当你完成了你的工作之后，可以和一个伙伴进行经验交换。你可以找出他们做得好的事情，把它们融入到你的工作中，然后回去改进你的工作。

19. 想出两三个问题，你可以在做完每一件工作后问自己，例如："我清楚地表达了我的想法了吗？"用这些方法让自己保持在正确的轨道上。

20. 在比较观点或信息时，确保你总是能够举出例子来支持你的观点。

CHAPTER EIGHT

# 第八章

# 建立标准：学生进步需要原动力

让我们回顾和延展之前提到的关键点：

评估是参照某些标准来进行的。

没有标准，你就不能做出判断。

这个过程包括：

- 询问所涉项目是否符合标准中规定的事项。
- 询问所涉项目是否与标准中规定的事物相似。

例如：

“阿森纳足球俱乐部周末的表现不错。”

“表现不错”一词指的是一套标准。这些不必是特定的或编写好的，发言者甚至可能无法清楚地表达出来，但它们必须存在，否则句子就没有意义了。

在这种情况下，让我们假设发言者已经看了几年的足球比赛，他们心中有一系列他们认为“表现不错”的例子。他们也有一些包含特定因素的例子，这些因素可能会使表现变得“不错”。

他们还会对“表现不错”有一些一般性的规则或期望，这些规则或期望是从他们熟悉的个案（和个案集合）中推断出来的。

此外，他们很可能会把别人在他们面前（比如在酒吧里）做出的判断内化（比如通过电视）。

发言者也有可能与这一切相反——包括糟糕的表演经验、例子，等等。通过这一点，他们也能判断他们是否认为一个表演是不错的。

想象一下，发言者第一次带着孩子去看阿森纳比赛，在比赛结束时，这个完全享受比赛的孩子说："这是一场精彩的比赛！非常出色。"

这个判断是基于什么？

我们是否应该接受孩子的判断而不求助于其他权威？

我们也许会把这个判断当作孩子喜欢这项运动的证据。我们可能会觉得孩子是在表达他们对这一经历的喜悦，而不是给出合理的判断。

但是我们所说的"合理"是什么意思呢？

再一次，我们谈到了标准问题。使用"合理"这个词是指我们对"合理"所要表达的意思的一种理解，并使用它所包含的内容作为判断问题的标准。

让我们把这个转回到课堂上。前一章给出的200个优点和200个目标都参考了我们认为与教育成功相关的标准的要素，这里有三种情况需要考虑：

**1. 很好地使用了例子。你已经仔细思考过如何最好地解释你的观点，这让读者更容易理解你想说的话。**

为什么这些例子很好？因为它们是精心挑选出来的，以便准确地解释要点。为什么这样是好的？因为清晰的解释使读者更容易理解文章的意思，从而使读者受益。为什么这样很好？因为任何一篇文章都是试图通过文字的媒介将你脑海中的东西传达给别人。清晰意味着：（1）在人的大脑和他们所写的东西之间有一种更紧密的联系；（2）即使不是这样，某种意义已经被传达了，可以被理解。

**2. 确保你的工作从开始到结束都合乎逻辑，不管它有多长，你工作的每个部分之间的联系应该是清晰和连贯的。**

为什么这是一个目标？因为它表明了一件作品被认可所必需的东西。为什么一件作品有逻辑会被判定为好？因为逻辑传达了理解，并创造了一种连贯性。这两件事结合在一起，就增加了工作的清晰度，通过扩展，作品就可以被轻松地阅读和理解。为什么理解和连贯的感觉是重要的？如果可以感觉到作者理解了他们所写的东西，这就给了读者信心，尽管这并不是必然准确的判定方式，但这表明作者能够熟练地重塑资料。连贯性和一致性之所以有价值，是因为它符合演绎推理（如果a然后b，如果b然后c，因此如果a然后c），而演绎推理本身之所以受到高度重视，是因为可以从其组成部分假定其正确性的证明，因此不求助于外部标准（A–B，B–C，因此A–C不需要更多的证据来证明）。

**3. 试着从新的和原始的方向去拓展你的答案，思考一下你会如何接收我们看到的想法和信息，并在上面加上你自己的想法和信息。**

为什么这是一个目标？因为我们重视原创性和独立的思想，这与西方主导的道德价值观密切相关。另外，这也意味着一个人对它足够了解，能够根据自己的想法和思维方式重新构建它。理解是有价值的，因为它是对学习的肯定。学习是有价值的，因为它是知识的成功传递，或者可以成功促进知识的获取，从而使得已经学习的人所处的阶段与他以前所处的阶段有本质的不同。学习是一种补充，它让人可以达到以前可能无法达到的程度。

关于这些例子有两点需要注意。首先，我们可以继续分析每种情况，例如，在示例3中，我们可以询问为什么不断增长的行动和思考的能力被认为是好的。其次，我并不是建议你在给你的学生提供优点和目标的时候，需要考虑这些细节。我在这里展示这个小小的分析，以便指出本书中支持优点和目标的结构，以及支撑你已经为你的学生设定的优点和目标的结构。

对于一个学生来说，一种优点或目标要有用，就必须参考一些与学习相关的标准。就优点而言，教师应该向学生解释他们做得如何以及为什么这是一个优点。就目标而言，则应该向学生解释他们可以做什么来改进，以及为什么这会是一个改进。

通过在书中加入200个优点和200个目标的示例，我试图让老师的生活更轻松，这是因为：

（1）优点和目标是通用的，而非特定的学科。教师可以通读学生的作业，选择合适的优点和目标，然后摘抄出来。

（2）这些优点和目标提供了广泛的例子，涵盖了学习的不同方面。教师可以看到这些，并根据自己的目的调整它们，或者将它们作为自己优点和目标的出发点。

（3）它们让我们深入了解了西方教育的一些基本标准。这些可以被老师拉出来，作为建立自己优点和目标的基础。

我现在要介绍本书第二个工具，它是为节省老师的时间而设计的。它所关心的是在第三点（西方教育的一般标准）中明确提到的一些内容。

## ■ 国外教师如何进行学习评估

虽然小学和中学的课程被划分为不同的科目，但有许多标准可以用来评估学生，这些标准对大多数（有时是所有）不同领域来说都是通用的，如果你能熟悉这些标准，它可以帮助你更快更有效地评估学生的工作，它还可以帮助你提供准确的优点和适当的目标。

这里有一个可以用来帮助你的通用标准的列表，这个列表并不详尽。上面的所有条目可能对你来说都很熟悉，尽管你以前可能没有这样想过。

### 准确性

可以在许多上下文中使用，例如：

- 准确地使用文字或言语。
- 准确地使用词语表达自己的想法。
- 记忆的准确性。
- 使用技能的准确性。
- 创造事物的准确性。

### 推理

细分包括：

- 逻辑上正确的推理。
- 解释的推理。

- 归纳推理和演绎推理（第一个来自经验，第二个来自一般前提）。
- 支持论点的推理。
- 结合证据和例子进行推理。

### 清晰

细分包括：

- 清晰的思路（通过写作或演讲）。
- 清晰的沟通（可以通过各种媒体）。
- 因为其他事情（如计划或提炼）而变得清晰。
- 沟通要素的清晰性（如论证或分析）。
- 明确目标。

### 沟通

细分包括：

- 写作。这是一个很大的类别，包含了所有那些在不同层次和不同语境中构成“优秀”写作的东西。
- 口头表达。如上所述。
- 阅读。这个类别比较小，与所读内容的反应有关。这包括了解字词的含义以及如何发音，以及根据理论和经验来解释和评估整个文本。
- 倾听。这一类别也比较小，涉及对所听到的内容的反应。从能够处理别人说的话，到能够深入和详细地评估别人说的话。

## ■ 布鲁姆对教育目标的分类

分类是分级的。它从低阶到高阶思维如下：

- 知识。了解事物，能够回忆和记忆事物。
- 理解。理解事物，能够描述事物的意义。
- 应用。应用事物，能够正确使用事物。
- 分析。分析事物，能够解释事物是怎样的、它们的结构是什么以及它们是如何运作的。
- 综合。综合事物，用已知的事物创造新事物。
- 评价。判断事物，具有一定的掌握程度，这样就可以对事物做出判断。

### *掌握*

这包括以下方面：

- 掌握一个特定的单词或想法。
- 掌握一项技能。
- 掌握一个过程。
- 对已有形式（如风格或流派）的精通。
- 掌握一种方法。

### *反思*

可以这样说，反思包括内省，尽管有些人认为内省应该属于不同的范畴。反思包括以下元素：

- 能够反思自己的所作所为。
- 在做某事之前能够反思。
- 能够运用反思来塑造决策。
- 能够批判性地思考。
- 能够使用反思来学习。

## 批判性的思考

其组成部分包括：

- 问别人遇到的问题。
- 多角度思考。
- 询问事物为什么是这样的。
- 分析和评估。
- 寻找证据。

## 富有创造性

其中的组成部分包括：

- 创造性思维。
- 做原创的事情。
- 使用所学的东西或创造新事物。

- 组合元素以形成一个整体。
- 建立和探索联系。

## *解决问题*

这包括以下方面：

- 使用和理解试验和错误。
- 从尝试中学习。
- 演绎和推理。
- 假设。
- 开发解决方案。

正如我之前所说，这个列表并不详尽。尽管如此，我希望它能证明对你有用。每一类都适用于课程的许多领域，一些类别适用于所有领域，每一个都是通用的，可以用一门学科的语言表达，或者通过参考任何正在研究的内容来具体化。例如：

一、你的河流三角洲图是用一种富有想象力的方式绘制出来的，表明你在创造性地思考。

二、你对鸟类为什么有翅膀的分析以一种富有想象力的方式呈现，表明你在创造性地思考。

三、你的故事很有独创性，表明你的思维是原创的。

在我们继续之前，我将对这一节做一个简短的总结。

**确定贯穿整个教育的参考标准（或使用我所确定的标准），利用它们**

**为你的学生提升优点和靠拢目标，这将节省你很多时间。**

## ■ 评估的具体标准

除了一般的标准，课程的不同领域也有特定的标准。我们可以将这些描述为主题的参考标准。

将有主题共享的东西，例如：

- 在历史和英语中，人们必须能够正确地使用句子和段落，以便清楚地表达自己的意思。

也会有一些特定主题的东西，例如：

- 在英语中，人们需要能够分析诗歌的意义。
- 在历史上，人们需要能够分析来源的含义。

现在，我特意选择了这些例子，它们显示了一般标准和特定标准之间的相互作用。两种情况下的分析过程是相同的，它是将一个项目分解的行为，目的是为了了解它是如何运作的，以及它的意义是什么。然而，对诗歌的分析并不等同于对来源的分析。这两者有重叠之处，但它们也有各自独特的元素。

因此，最好花些时间探讨一下诸如“她在这门课上很出色”“这是我们这门课上杰出工作的一个例子”“他现在真的像数学家一样思考”这样的短语所指的是什么。

如果你能做到这一点，并拿出一份与我上面列出的一般标准类似的标准清单，你会得到两个主要好处。

1. 你的生活会变得更轻松。你可以将一般标准与特定主题标准结合使用，并使用两者来确定优点并设置目标。你不必每次评分都重新开始，你可以为自己创造一个思考的工具，一个你可以反复使用的工具，这样可以节省很多时间。

2. 你的学生将会受益匪浅。这有两个原因。首先，他们将获得优点和目标，这些优点和目标与你的学科成功的决定因素（一般和具体的参考标准）密切相关。第二，你可以和你的学生分享这些标准，这类似你与他们共享成功标准和评分量表的方式。不同之处在于，这两种标准都涉及特定的任务，而一般和特定主题的标准则是全面适用的。与学生分享这些信息，将真正帮助他们理解这一点：在你所教授的学科领域，那种成功意味着什么。

我没有专业知识来提供课程中所有科目的标准清单，虽然我在中学教过各种各样的课程（历史、社会学、心理学、宗教研究、政府和政治以及地理），但我最初接受的培训是公民教育。因此，我将提供一份清单，以该主题作为范例。

特定主题的公民资格参考标准：

- 口头表达和书面表达自己的意见。
- 积极参与课堂活动。
- 在地方、国家或全球积极参与课外活动（这里使用的是政治意义上的参与）。

- 关于政治和哲学概念的争论的建构。
- 在概念、思想和当代例子之间建立联系。
- 通过演讲和积极倾听，对讨论和辩论做出贡献。
- 对各种来源的信息进行批判性思考。
- 了解和理解关于国家政治、经济、法律和媒体的主要信息和思想。
- 了解全球问题和组织，以及这些问题与英国的关系。
- 了解竞选活动的方式和方法。
- 使用证据、例证和推理来做出合理的、有说服力的论证。
- 能够考虑各种各样的意见和自己的意见。

关于这个清单，有三点需要注意：

首先，它不是详尽无遗的，要取得决定性的成果是很难的。

第二，列表是主观的，另一位受过公民教育的老师可能会同意我提出的一些东西，不同意其他人的意见，并指出我遗漏的东西。

第三，它用来说明一般和特定标准之间的重叠，反过来，它表明，这只是一件值得注意的事情，应该引起人们的高度重视。

所以，当你研究制定你自己的标准清单时：

- 不要担心它是不是权威的。
- 承认它是主观的，但这是在你所拥有的与主题相关的专门知识的框架内。
- 利用一般标准来构建特定的标准（因为重复是不可避免的）。

总而言之，列出一般标准和特定学科标准的清单将：

1. 节省时间。

2. 提高形成性评估的质量和一致性。

3. 帮助学生明确什么是成功。

CHAPTER NINE

第九章

# 影响因素：教学评估中的变量

在最后两章中，我们将注意力转移到学校里那些可能会阻止我们将学习评估付诸实践的事情上。本章概述了影响该方法的一系列因素，并提供了一系列解决方案。

## ■ 师生比例：对老师带班能力的考验

每节课学生人数都超过老师，只有在教程设置中才有可能有一个老师和一个学生。正是因为这个原因，教学不是辅导，反之亦然。

大多数老师所教的大部分班级大概有16到35名学生。在较小的学校里，可能会遇到较小的班级；普通中等教育证书和选修课的教学设置也是如此；而且在学校里，学生是根据能力设置的（所谓的“底层”设置有时只由少数学生组成）。尽管如此，这些情况只占少数。因此，学生与老师的比例通常会有很大影响。

这意味着老师必须找到与所有学生交流的可行方法。要给每个学生单独解释每一项任务是不可能的。取而代之的是一个安静的氛围，这样老师（一个）就可以和一群人（许多）交谈。由于大多数学生都在认真完成老师交代的任务，所以老师有时间把注意力集中在那些最需要帮助的学生身上。

教师与学生的关系不同于学生与老师的关系。让我们想象一个有33名学生的班级，存在以下关系：

一、33名学生与一个老师的关系。

二、一个老师与全班学生之间的关系，在这种关系中，教师把自己与整个班级联系起来。

三、老师与每个学生之间的关系，在这种关系中，教师对每个学生都有自己的看法。

有些学生可能认为自己与整个班级有关，这对我们来说没有太大的意义，因为它与老师的教学方法没有直接的关系。出于同样的原因，我们在课堂上不重视学生与学生的关系。

教师的工作是确保所有学生都在学习，他们必须优先考虑与全班同学的关系。如果他们把这个置于个人关系之下，那么他们就不知道整个班级都在学习。他们必须先处理好全班关系，然后才轮到个人关系。如果他们不采取这种做法，那么他们就没有履行自己的职责，他们就不能确保在他们面前的学生正在学习。

不用说，老师会把他们的个人关系融入整个班级的交流中。例如，它可能会以一种热情洋溢地称赞一位学生的形式出现，而这位学生过去曾造成了巨大的混乱，从而让他们保持中立。然而，不管他表现如何，前提仍然是教师必须关注整个班级的关系。

由于课堂的实际需求所带来的优先级，使得教师很难把时间花在思考学生作为个体的问题上。在小学也许更容易一些，因为在那里一个老师可能会花一周的大部分时间和他们的班级在一起。然而，在一所中学里，一名学科老师可能在一周内看到多达15个不同的班级（并相应地安排他们的工作）。

在某种程度上，这种趋势导致了仅仅给出分数而不是反馈，以及学生的排名是通过相对能力（相对于班级其他成员）来衡量的，一个虚构的老师可以帮助我们理解这种情况。

汤普森先生在一所中学教书，他是地理专家。这所学校规定7、8、9年级必修地理课程，这门课在普通中等教育证书考试（GCSE）中是可选的，而且一直很受欢迎。汤普森先生有两个班的7年级课程，每周上两次课。他还有8年级和9年级的课，这两门课每周各有两次。此外，他还要教两个10年级班级的课，每周3节。他还有两个班的11年级的课程，其中一个班是他自己教的，另一个班是他和同事一起上的。这样，他每周上4节11年级的课，他还要教12年级和13年级，针对这两个年级他每周都上3节课。这所学校每节课是50分钟，每天有6节课。汤普森的时间表如下：

7年级——4节课

8年级——2节课

9年级——2节课

10年级——6节课

11年级——4节课

12年级——3节课

13年级——3节课

总地来说，30个课时他要教24节课，因此，他一周有6课时的空闲时间（对此他永远心存感激）。

让我们看下，汤普森先生的班级平均每班有22名学生。高年级的学生人数比他的低年级班级学生人数要少，他教10个班，这意味着他有220名学生，所有人都需要他定期评估。

我们知道，评估应该包括一个分数和一个简短的评论，220个人是很多的学生，10节课是很多的课。汤普森先生没有精力去照料任何一个学生。几乎不可避免的是，他会陷入与全班同学之间的关系，并且会以同样的方式看待学生的作业。

这并不是汤普森先生的问题。正如我们所注意到的，他的工作结构不利于他在给学生的工作评分时使用评估来学习。对于汤普森来说，关键在于如何为这么多学生提供高质量的反馈，因此他必须克制自己的全局观。如果有一个可以有效使用学习评估的工具，做这件事就容易得多，这些可以在这本书中找到。

## ■ 学生同辈群体：同龄人的影响不可忽视

学生们会倾向于把自己与同龄人联系起来。在我们的社会中，理解自己与他人的关系是很普遍的。许多人（或许大多数人）会同意，他们的自我至少在一定程度上是建立在与他人的认同和对立之上的。例如：A可能是板球俱乐部的成员，强烈反对核能，因此，他们的自我意识包含了对板球俱乐部（以及其他俱乐部成员）的认同，以及对那些支持核能的人的反对（以及对那些反对核能的人的认同）。

年轻人面临着一个过渡时期，他们在社会中找到了自己的位置，这可能包括拒绝他们家庭的一些规范和价值观，以及更多地关注与同伴的集体关系。如果是这样，同伴和集体很可能会加强他们自己的规范和价值观，而这些被成员所接受。

有两种方式会影响学习评估。首先，如果一群学生认为学习是消极的，他们就不太可能对以学习为中心的反馈做出反应。此外，他们可能无法参与同级和自我评估任务，因为这些任务集中在学习和开放的学习过程中。

其次，学生们可能会把学习看作是一种竞争的体验，在这种体验中，他们会把自己与同龄人相比。如果是这样的话，不包含分数或等级的反馈很可能会招致挫折和烦恼。学生们希望他们的作业能得到总结性的评价，他们会想知道这是什么，这样他们就能把自己和同龄人联系起来。

## ■ 学生自我意识的颠覆性

这一点与前一点紧密相连。我们每个人都有自我，因为我们都有个性，这些个性有时只与我们自己有关，学生也一样。他们都有自我意识，尽管在学生之间，这些自我意识的范围和性质可能有很大的不同。

在课堂上，自我意识可以发挥很大的作用，它可以通过学生的行为表现出来，也可以通过老师的行为表现出来。它有很大的颠覆力量。在任何课堂上，所有学生都必须尽可能多地学习，如果个体的自我意识严重地干涉到正在发生的事情，那么他们很有可能会偏离这个命令。某些学生（或老师）可能会把注意力放在自己身上，这是为了满足心理或情感需求，而不是为了进一步学习。用一个人的自我意识，或一个学生的自我意识，去推动学习是可能的（例如，通过对某一学科富有魅力的介绍，或老师和学生之间特别直率的苏格拉底式对话），然而这种可能性出现的情况并不常见，把自负排除在教室之外对每个人都有好处。

这也适用于学习评估的成功实施。学生可能把评估看作是满足他们心理和情感需求的一种手段。他们可以使用总结性反馈，作为一种强化工具。对于任何级别的学生来说都是如此，例如，一个得分为A的表现优秀的学生，可能会使用总结性反馈来巩固他们的成功，并作为一种方法来产生良好的自我感觉。同样地，一个学习成绩总是得F的差生，他可能会使用总结性反馈来强化他们的观念，即学校不适合他们，他们没有能力学习（所以他们为什么要这么麻烦）。在后一种情况下，推理是用来保护自我的；没有人喜欢自己失败了的感觉，或者发现自己与那些花了很多时间和他们在一起的人得到的评估不一样。

如果学生认为评估是通过获得分数来满足心理和情感需求，那么他们可能会对新的要求做出不好的反应。即使列出这样的改变的原因，学生们仍然会在最初的时候寻找这个问题的答案（他们可能无法清楚地表达）：“为什么我不能得到我原来想要的？”这是与生俱来的未满足的期望，那些学生已经习惯了之前的总结性评估的经验。

## ■ 学生以往的经历造就了现在的他们

当涉及评估时，学生们有很多之前的经验。除非你在一所小学教最早的年龄组，否则你的学生将会定期接受所有之前老师的评估。由于总结性评估的历史延续性，很可能这其中很大一部分将是总结性的，学生将习惯于为他们的工作获得分数。

在我们探讨其影响之前，让我们先离题一会儿。年轻人对生活和世界的体验是有限的，教育的一个主要功能是通过向他们介绍信息、思想和概念来拓宽他们的视野，而这些信息、思想和概念是前人发现、写过或做过的。尽管如此，这仍然发生在一个单一的环境中——学校——学生将以一种或另一种形式参与很长一段时间，因此，他们的直接经历将与他们的学校教育经历密切相关。尽管每天都在学习各种各样的新事物，他们还是会一次又一次地重复在学校的经历以及随之而来的一切。这未必是件坏事，事实上，这可能是一件好事。然而，这确实意味着，对于一些（或许是许多）学生来说，改变的到来将令人不安。他们习惯于重复，他们内化了预期的做事方式。

如果现在回到评估上来，我们可以看到，如果学生习惯于获得分数，那么新的评估体系的引入对他们来说将是一个重大的改变。与我们（老师）不同的是，学生没有广泛的工作经验，他们更有可能看到他们所知道的事情是如何完成的，他们很可能会做出相应的价值判断，并把这些判断建立在有限的归纳推理上（“我们一直都是这样做的，那么我们为什么现在要改变呢？”“到目前为止，我一直都是这样做的——为什么要改变呢？”“这就是我们，我们就是这样做的”）。这些是我们在成人生活中看到的主题。有时，我们自己也会以这种方式行事和思考，可能是对某些变化（尤其是我们觉得自己无法控制的变化）做出直觉的、立即的反应。这种倾向在儿童身上表现得很明显，这就是在你的练习中嵌入评估的连锁反应。

## ■ 父母影响教学

所有的父母都当过学生，他们中的许多人可能在你所任教的学校上过学，你甚至可能教过你现在班上学生的父母。

这意味着大多数家长已经形成了一些与学校相关的预期概念，这很可能主要是基于他们过去的经验，这些经历将成为他们关于在学校里发生的事情和应该发生的事情的信念的基础。那些有学校经验的成人，反思自己的经历是否表明一般经验，并且承认发生了变化，带来了新的工作方式，即使是这样的父母，也会保留自己的教育经验，作为他们智慧的一部分。这是不可避免的，这个过程帮助他们塑造了他们的生活。这个过程在很长一段时间里都是他们生活中的一部分，这个过程过去很重要，现在仍然很重要。

家长们可能会认为总结性评估应该是一种规范，他们可能希望学校能把分数告诉他们，他们可能希望他们的孩子能够告诉他们自己获得了什么分数。如果是这样，父母很可能对孩子的进步感兴趣，想知道他们做得怎么样。对于使用总结性评估，他们不太可能对这个假设提出质疑，他们的重点是缩小家庭和学校之间的差距。

父母的期望会影响孩子和整个学校，这两种情况都会对课堂上的老师产生影响。在第一种情况下，学生可以重复父母的要求（老师，我妈妈想知道我的分数）或者把他们的期望当成自己的（老师，我想让你告诉我我的成绩，因为我爸爸说我应该知道它是什么）。在第二种情况下，如果家长坚持定期向他们提供总结性评估信息，并将这些信息传达给学生，那么学校就有可能屈服于这种压力，按照这些要求行事。

## ■ 学校应加大对学习评估的支持

教师要按照学校规定的政策办事，这些可能会妨碍学习评估，原因有很多：

一、学校要求教师定期与学生分享总结性评估数据。这里的“定期”所包含的东西很重要。即使在评估学习，总结性数据也是必要的，然而，一周又一周地与学生分享会大大降低你设定的目标。它还将加强学生对上述成绩的心理和情绪反应。如果学校把“定期”解释为每周、两周或半学期，那么这种反馈方式就会在学生的脑海中占主导地位，给形成性反馈投下阴影。

二、学校要求学生了解他们的成绩、分数或水平。如果这一政策得以实施，那么教师们将面临继续分享此类信息的压力。教师们会从这一点着手工作，因为他们不想违反他们所期望的操作规则。更好的政策应该是："学生应该知道一年中只有3次考试可以拿到分数""学生应该知道他们的学习目标，并随时记录下来"。

三、学校没有对学习政策的评估。如果是这样的话，那么这表明学校并没有认真对待这种做法，可能是个别教师（可能很多）在课堂上使用学习评估。然而，如果没有适当的政策使学校在这一问题上的立场正式化，那么教师就不会得到学校高层领导的支持，对于什么是最佳实践也缺乏清晰的认识。补救办法不是一份规定的文件，详细列出每个老师必须做什么。相反，它是一项总政策，具体到某些地方，它支持在整个学校使用学习评估，并清楚地说明为什么它是良好教学的必要组成部分。

四、学校对学习政策的评估不够清晰。政策的目的是为一个组织内的个人提供一个标准化的参考点，这个参考点可以跨越时间和空间进行参考，以确定对该组织来说，在特定情况下，什么是合适的。这是一种表达"这是我们的工作，这是我们的工作方式"的方式。政策并不一定要严格被遵守，但它们将为采取什么行动和如何采取行动提供指导。如果一个策略缺乏清晰度，那么它的功能就会受损。一个不明确的学习政策评估不会给予教师应有的帮助，它也不会给学校指明方向。学校在评估方面想要什么，教师在教室里的评估想要做什么，以及学习评估的最佳实践是什么，这些需要得到很好的平衡。

五、无论这项政策是什么，它都不会导致老师们在整个学校都使用学习评估。在这里，我们并不是在暗示一项政策应该对教室里发生的事情施加严格的命令，然而，它应该反映和加强学校的评估风气。如果没有使用学习评估，或者有一个好的学习评估政策，但是没有反映在学校的课堂上，那么使用学习评估的老师可能会发现他们的工作比正常的情况更难，这是因为学生们不会收到关于全面评估的相同信息，这意味着使用学习评估的老师更有可能遇到阻力。这是因为，对于学生来说，这种体验将与其他没有使用学习评估方法的课堂相对照。如果整个学校都能持续使用学习评估，那对每个人都好。

## ■ 引导同事采用学习评估

我们在前面提到过，如果同事们不使用评估来学习技巧，不管出于什么原因，那么老师的生活就会变得更加艰难。我们都会变得习惯了，学校生活的条条框框加强了习惯的形成。经历过不同老师的不同评估方法的学生，最终可能会将这些方法与个别老师和他们的课程联系起来。然而，如果A老师进来并开始使用学习评估的方法，而B老师从未这样做过，并且与学生一起工作了一段时间，学生可能需要一段时间才能接受新的评估方法。

当然，认为只有一种正确的教学方法是毫无意义的，这是每个老师都应该坚持的，不管教的是什么班级和科目。然而，要确定哪些东西已经被证明有效，并将其作为最佳实践来展示并不容易。就学习评估而言，教师仍然有责任制定自己的教学法；它是一个由技术、方法和活动组成的大型工具箱，它们都具有某些共同的前提，教师必须下决心将学习评估变为己有。

因此，正确的做法是确定同事们对评估采取的方法，这方法可能不利于学习评估，教师的专业地位并不是证明归纳推理的有效理由（我以前一直是这样做的，从来没有遇到过问题）。这是一个有效的论点，支持教师以专家角色对教育学做出合理的判断，反对使用学习评估的理由不太可能胜过支持使用学习评估的理由。关于同事的工作方式的一个更普遍的问题是，他们在工作中对自己的角色和“老师”的一般角色的假设。对于一些人来说，老师是一个“纠正者”，一个知道事情会发生的人，一个告诉学生他们所说、所写和表现是对还是错的人。

这种模式的存在是很自然的，它的工作前提包括：

- 教师自身受过教育。
- 教师计划学习什么，知道学生应该学习什么。
- 教师的工作是确保学生知道应该知道什么，以便学生能完成他们的教育。

大多数人都认为所有这些前提都是正确的，然而，问题在于，他们没有必要引发这样的争论，即教师应该是一个判定“错误”和“正确”的人。一个使用学习评估的方法和技术的老师，会把自己看成是一个教练，他们会和学生们谈论他们做得好的方面，并解释他们会如何改进。当然，有时他们需要辨别学生工作中的是非对错，但这并不是他们的首要目标。

成功的“教”，当然必须由成功的“学”构成。当老师假定学生需要被引导，需要被教导如何改进时，成功的教学才更有可能发生。如果老师假设学生必须“把事情做对”并学习老师所知道的东西，这种情况就不太可能发生。后者的要素包含在前者之中，但它们属于“教练”这个概念。

回到我们的主题，如果同事们对老师的角色有不同的预设，那么这将不利于使用评估来学习，这可能意味着他们不太可能自己使用它，它会给学生提供关于学习发生方式的相互矛盾的信息。

## ■ 理性对待分数

分数和数字很简单。

A、B、C、D、E、F、G

1、2、3、4、5、6

45%、55%、65%、75%

它们能迅速而清晰地传达信息，几乎没有留下误解的空间，学校工作所用的数字和等级被广泛接受。家长、老板和大学招生指导老师是三种典型的校外群体，他们知道不同的分数意味着什么，并据此做出决定。分数这个简单而有效的系统，诱惑他们扩大它的使用范围。例如，在自然科学和社会科学中，看似能解释世界某一方面的简单而有效的理论，似乎很快就会发现自己被延展了，从而涵盖了远远超过它们最初所关注的一切事物。

数字和分数节省时间，它们清楚而简明地指出一个学生在同龄人中处于什么位置，并与一组外部标准进行比较，这使得学生能够把他们的成绩作为对他们所做工作的反馈。

但我们必须时刻记住，成绩或分数并没有告诉学生这些事情：他们在什么事上做得好、为什么做得好、他们需要做什么来提高、为什么他们需要这样做。

在这里，分数和数字简单粗暴的一面显示出来了，它们没有携带对学生真正有用的足够信息。它们既没有帮助他们发展理解力，也没有向他们展示如何提高他们的学习。在最好的情况下，一个学生可能能够推断出一些要点（一般的或具体的）：是什么导致他们的作业获得了特定的分数或等级。然而，无论这些推论的准确性如何，它们都不会（永远不会）被一个等级或一个数字证明或驳斥。

总结性评估的解释力是有限的。在某些情况下，它非常有用，在其他方面，这是浪费时间，甚至是毫无意义的。必须考虑的是评估的目的。如果是通过一种快速、容易理解、众所周知、跨越时间和地点、标准化的方式，来向雇主传达未来雇员达到的不同学习水平，那么成绩和分数就是完美的。如果是拿来帮助一个学生学习，他们并不是特别有用。

## ■ 学习评估的广泛应用

如果把一个学校、一个地区或一个国家作为一个整体，总体评估理念就不适用于学习评估，并且不利于实践。它的程度将取决于许多因素，包括教室里教师的自由度。

这种理念被学生接受的方式、它被内化的方式以及他们是否把它看作规范，也许会被证明是最重要的。例如，如果一个国家重视总结性评估，而该国政府利用其行政结构优先考虑这种评估的地位，那么这将不可避免地影响学生认为有价值的东西。

无论是含蓄的信息还是明确传达出来的信息，都将是总结性的评价。它所包含的一切，都被认为是好的，或者更简单地说，是唯一能帮助一个人在社会上取得成功的东西。

## ■ 不要让以往的经验阻碍你的目标

你从小就上学，在那之后继续你的教育。你很可能经历了大量的总结性评估，这在长期以来很可能是常态。这意味着你自己可能会妨碍你在教学中嵌入学习评估的尝试，你以前的经历可能会破坏或挫败你现在想要达到的目标。

## ■ 高效率的评估方法

你有多少时间可以影响你是否能够利用评估来学习。正如我们所注意到的，总结性评估可以非常快。有一种使用它的诱惑，因为它节省了时间。

一开始，学习评估会增加你的工作量。这是不可避免的。任何形式的改变都需要时间，学习新东西也是一样。有些时候，你可能会觉得这些额外花费的时间并没有带来足够的好处。

## ■ 敢于改变习惯

当我们发现一些有效的东西时，我们会坚持下去。我们所有人都习惯了——这是自然的。学校的生活结构僵化、重复的性质，是形成习惯的肥沃土壤（我们在与学生打交道的时候就利用了这一点）。因此，在某些做事方式上很容易根深蒂固，这使得改变变得困难，原因有二：

首先，改变代表了一些新事物，因此是未知的，这与我们已经做过的事情的熟悉程度相比是不利的，在这些事情中，我们知道应该期望什么，并且积累了经验作为我们的证明。

其次，我们所做的会成为我们自身的一部分。改变我们做法的元素，就像改变我们自己的一部分，这意味着它可能令人不安，它真的会使我们感到不自在。

CHAPTER TEN

第十章

# 克服影响：保护你的教学成果

本书提供的工具是解决师生比例问题的最佳手段，我们将依次分析问题的不同方面，并在每个场合提供解决方案。

一、有很多学生，这意味着有很多作业要批改，评分会更容易。

使用本书中提供的示例优点、目标和一般参考标准，以及你所创建的特定主题的标准，这意味着提供详细的形成性反馈将更快。

学生工作的部分可以通过同伴和自我评估来评分。然后，你可以把注意力集中在主要的作业的评分上，这些作业包括学生在几周内完成的关键学习内容，这会让你评分更少，但更有效。

学生手册前面的目标页允许你和你的学生追踪他们的目标，学生可以指出哪里有证据表明他们已经达到了目标，这节省了你的时间。

二、每个班级都有很多学生，很难知道他们在学习方面所处的境况。

使用本书中概述的技巧来获取信息。当你待在教室前面时，可以使用所有的课堂技巧。这样就可以确保每个人都在工作，同时能够收集有关学生学习的信息。

三、学生太多，很难给他们每个人都提供辅导。

我们必须现实一点，不可能教大量的学生，也不可能给所有的学生提供个别辅导。通过对学习的评估，你会接近同样的效果。你提供的形成性反馈将是个性化的，你将能够获得所有学生学习程度的信息，并据此计划和教学。你将能够为所有的学生开放评估过程，并且能够给予一些学生有针对性的支持。

四、学生同级群体

我们发现的两个问题是，对学习的消极态度和对总结性反馈的渴望。这些都不容易消除，我提供的解决方案更多的是缓解问题。

五、一种消极的学习态度

你应该做一个积极的对比，多表扬学生的学习，并尽可能创造机会，认可学生和他们的工作。

和态度消极的学生交谈，鼓励他们告诉你什么原因让他们有那样的感觉。

使用形成性反馈。许多学生养成了消极的态度，因为他们不断地得到低分数。花点时间想想，这是多么令人沮丧的事情。向学生强调，他们只在一年中的某些时间面对被评分的测试（我建议他们不定时参加三次考试，或者参加四到五次考试）。其余的时间，他们将收到反馈，说明他们在哪些方面做得很好，又有哪些方面可以改进。很可能在一段时间内，这能产生积极的影响。

六、渴望总结性反馈

要坚持，不要屈服。向学生解释，你将给予他们帮助，为他们设定目标，这将有助于他们的进步。阐明这背后的道理，指出在这一年中会有面对分数的时候，但这些时间将由你确定，并按照合理的理由选择合适的时间。

学生很可能会坚持下去，重申为什么你没有给出总结性的反馈。记住你是专业人士，你比他们更了解情况。

七、学生的自我意识

你正在使用评估来帮助你的学生学习，这就是为什么你买了这本书——发展你的教学和改进他们的学习。你知道学习评估有助于提高成绩，你明白这背后的原因。

把这个传达给你的学生。这可能说服不了他们，当他们得不到他们想要的成绩时，这也许不会熄灭他们的自负之火，但是会使得他们对事情保持理性和专业性。

如果我们考虑到所有的学生都曾经在一段时间内（可能是在上学之前）没有得到成绩，而且在这段时间里他们相处得很好，很容易看到对没有得到成绩的消极反应，但这是一定条件下会出现的情况，而不是天生的。

提醒学生，在这一年里，你会给他们分数，但这不会帮助他们提高。告诉他们：你给他们的反馈会告诉他们如何变得更好，然后一次又一次地这样做。学生们将会习惯它，而那些他们未被满足的期望所点燃的火苗也会熄灭。

八、学生以往的经验

你对此无能为力，这是他们现在拥有以后也会拥有的经验，不值得与他们就此事展开辩论。如果他们说："但是某某人就不这么做""好吧，到目前为止还没有对我造成任何伤害"，或类似的话，感谢他们的评论，让他们知道你会很乐意在课后和他们讨论这件事。然后，按照你的意愿继续下去，很可能学生们很快就会习惯你做事的方式。

提醒你一句，如果你不坚持对学习评估的使用（包括对形成性反馈的使用），那么你就没有向学生传达正确的信息。要小心，不要给自己"挖坑"。

九、家长的期望

无论何时，当你有机会和家长们谈论起学习评估，都要这样做。告诉他们它是如何起作用的，以及为什么会有效。解释它能提高成就，帮助每个孩子进步。概述它背后的基本原理和它所依据的证据，举例说明你的意思。告诉他们，你很高兴他们对孩子的教育感兴趣。向他们解释，他们可以通过让孩子和他们谈谈自己的优点和目标来帮助他们。表明分数将会在特定的时间给出，但是在余下的时间里重点将集中在目标上。向他们指出，如果家长知道孩子的目标，那么他们实际上可以帮助孩子在家里取得进步，而只知道成绩是不可能做到的。

十、整个学校的政策

尽你最大的努力，尽可能多地运用本书中的观点。给你的同事买一大堆这本书，给你的教导主任也买一本，撰写学习政策评估报告并提交给学校高级管理层。向同事强调，知道自己目标是什么（以及如何实现目标）的学生比只知道自己水平或成绩的学生更有可能取得进步。在学校接受学习评估培训，联系我，邀请我参加培训或演讲，向高级管理层解释学习评估是如何提高成绩的。指出这是每个人都想要的，所以在你的学校实施它不是很好吗？

十一、同事所采取的评估方法

你可能选择忽略这一点，不管怎样都要坚持下去。如果你决定看看你是否能促成一点改变，我建议你从别人的利益出发来考虑（感谢戴尔·卡内基的好主意）。

学习评估可以帮助学生改进他们的工作。一旦嵌入，可以节省老师大量的时间。形成性反馈的使用和评估过程的开放可以帮助学生感到更轻松和更有动力，所有这些都有利于教学。因此，通过谈论他们的兴趣，向你的同事推荐学习评估，我相信他们会希望他们的学生做得更好，节省时间，在他们的教室里有一个良好的氛围。展示学习评估如何帮助他们实现这一切，邀请他们来你的教室，看看你和你的学生的工作。给他们指出这本书的方向（或者，更好的是给他们买一本）。与他们分享你的资源，帮助他们开发一些资源。建立一个教师小组，并讨论在实践中嵌入学习评估的经验。

十二、分数或数字的粗暴性

分数或数字的粗暴性是无法摆脱的，避免使用它们的诱惑。时刻记住这一点：分数和数字并不能帮助学生学习，优点和目标却可以。

十三、总体评估理念

对此，我们无能为力，所以忽略它吧。使用学习评估，告诉你的学生你为什么要使用它，准备好当别人问你的时候证明你所做的事情。毕竟，你是一个需要做出决定的专业人士，你在一个重视理性和证据使用的教育体系中教书。你已经根据理由和证据做出了决定，还有什么可问的?

十四、你以前的经验

处理之前经历的最好方法就是要意识到这一点，不要以为因为你已经决定使用学习评估，你的思维就会自动地发生变化。要意识到你之前的经历——可能根深蒂固，仍然会影响你的决策。注意它，如果你发现它有抬头的趋势，准备好用支持学习评估的冷静逻辑把它压下去，这也证明了它的工作原理。

十五、可用时间的多少

首先，接受这一点，掌握学习评估需要一点时间。它不会太多——毕竟，它相当简单——但总比没有强。记住，一旦你克服了第一个难关，你实际上会节省相当多的时间，这是因为你会更有效地进行评估和教学。此外，你和你的学生将有一个更好的理解，他们在哪个阶段，他们还可以怎样提高。这意味着，在同样的时间里，你和他们将能够比以前取得更多的成就。

十六、保持积极和努力

任何改变都需要一点努力。努力是持久的。可以采取小的步骤。为你做得好的事情而祝贺自己。从不顺利的事情中学习。保持积极的态度。记住，使用学习评估的好处是显著的，在一两个月的时间里，你将回首过去，并想知道如果没有它，你到底是怎么度过的。

CHAPTER ELEVEN

第十一章

# 坚持学习评估

学习评估很简单，它也很有效。

它包括三个方面：

1. 获取和使用信息。
2. 启动成功标准。
3. 给予形成性的反馈。

如果你坚持做每一件事，你将帮助你的学生取得显著的进步，从长远来看，你也会节省时间。

在这本书中，我介绍了广泛的策略、活动和技术，可以在整个课程和各种不同的年龄组使用。试一试。找出哪些对你和你的学生有用。如果有必要的话，调整它们，或者创造属于你自己的。

与同事讨论学习评估，和学生谈论它，对父母也是如此。

反思支撑该方法的前提，并注意它们的合理性。

出去读读研究报告，你自己看看有多少证据支持这种方法。

要想了解更多关于如何获取信息和拓展学习的知识，请阅读我的其他书籍：《如何在课堂上使用讨论》和《如何在课堂上使用提问》（至于更多其他书籍，可以自行寻找）。

最重要的是，享受你自己。当每个人都能看到他们在学习和进步的时候，教学是非常有趣的。对于老师和他们的学生，这往往也是大有裨益的。

# “常青藤”书系—中青文教师用书总目录

| | 书名 | 书号 | 定价 |
|---|---|---|---|
| | **特别推荐——从优秀到卓越系列** | | |
| ★ | 从优秀教师到卓越教师：极具影响力的日常教学策略（入选浙江省教师节用书） | 9787515312378 | 33.80 |
| ★ | 从优秀教学到卓越教学：让学生专注学习的最实用教学指南 | 9787515324227 | 39.90 |
| ★ | 从优秀学校到卓越学校：他们的校长在哪些方面做得更好 | 9787515325637 | 33.80 |
| ★ | 卓越课堂管理（中国教育新闻网2015年度“影响教师的100本书”） | 9787515331362 | 88.00 |
| | **名师新经典/教育名著** | | |
| ★ | 马文·柯林斯的教育之道：通往卓越教育的路径（《中国教育报》2019年度“教师喜爱的100本书”，中国教育新闻网“影响教师的100本书”。朱永新作序，李希贵力荐） | 9787515355122 | 49.80 |
| ★ | 如何当好一名学校中层：快速提升中层能力、成就优秀学校的31个高效策略 | 9787515346519 | 29.00 |
| ★ | 像冠军一样教学：引领学生走向卓越的62个教学诀窍 | 9787515343488 | 49.00 |
| | 像冠军一样教学2：引领教师掌握62个教学诀窍的实操手册与教学资源 | 9787515352022 | 68.00 |
| ★ | 如何成为高效能教师（美国最畅销教师用书，销量超过350万册，教师培训第一书） | 9787515301747 | 89.00 |
| ★ | 给教师的101条建议（第三版）（《中国教育报》“最佳图书”奖） | 9787515342665 | 33.00 |
| ★ | 改善学生课堂表现的50个方法（入选《中国教育报》“影响教师的100本书”） | 9787500693536 | 33.00 |
| | 改善学生课堂表现的50个方法操作指南：小技巧获得大改变 | 9787515334783 | 29.00 |
| ★ | 优秀教师一定要知道的17件事（美国当前最有影响教育畅销书作者全新力作） | 9787515342726 | 23.00 |
| | 美国中小学世界历史读本/世界地理读本/艺术史读本 | 9787515317397等 | 106.00 |
| | 美国语文读本1-6 | 9787515314624等 | 252.70 |
| | 和优秀教师一起读苏霍姆林斯基 | 9787500698401 | 27.00 |
| | 快速破解60个日常教学难题 | 9787515339320 | 39.90 |
| ★ | 美国最好的中学是怎样的——让孩子成为学习高手的乐园 | 9787515344713 | 28.00 |
| | 建立以学习共同体为导向的师生关系：让教育的复杂问题变得简单 | 9787515353449 | 33.80 |
| | **教师成长/专业素养** | | |
| | 卓越教师工具包：帮你顺利度过从教的前5年 | 9787515361345 | 49.00 |
| ★ | 可见的学习与深度学习：最大化学生的技能、意志力和兴奋感 | 9787515361116 | 45.00 |
| | 学生教给我的17件重要的事：带给你爱、勇气、坚持与创意的人生课堂 | 9787515361208 | 39.80 |
| ★ | 教师如何持续学习与精进 | 9787515361109 | 39.00 |
| | 从实习教师到优秀教师 | 9787515358673 | 39.90 |
| | 像领袖一样教学：改变学生命运，使学生变得更好（中国教育新闻网2015年度“影响教师的100本书”） | 9787515355375 | 49.00 |
| ★ | 你的第一年：新教师如何生存和发展 | 9787515351599 | 33.80 |
| | 教师精力管理：让教师高效教学，学生自主学习 | 9787515349169 | 28.00 |
| | 如何使学生成为优秀的思考者和学习者：哈佛大学教育学院课堂思考解决方案 | 9787515348155 | 39.80 |
| | 反思性教学：一个已被证明能让所有教师做到最好的培训项目（30周年纪念版） | 9787515347837 | 49.00 |
| ★ | 凭什么让学生服你：极具影响力的日常教育策略（中国教育新闻网2017年度“影响教师的100本书”） | 9787515347554 | 28.00 |
| | 运用积极心理学提高学生成绩（中国教育新闻网2017年度“影响教师的100本书”） | 9787515345680 | 39.80 |

| | 书名 | 书号 | 定价 |
|---|---|---|---|
| | 可见的学习与思维教学：成长型思维教学的54个教学资源：教学资源版 | 9787515354743 | 36.00 |
| ★ | 可见的学习与思维教学：让教学对学生可见，让学习对教师可见（中国教育报2017年度"教师最喜爱的100本书"） | 9787515345000 | 29.80 |
| | 教学是一段旅程：成长为卓越教师你一定要知道的事 | 9787515344478 | 39.00 |
| | 安奈特·布鲁肖写给教师的101首诗 | 9787515340982 | 35.00 |
| | 万人迷老师养成宝典学习指南 | 9787515340784 | 28.00 |
| | 中小学教师职业道德培训手册：师德的定义、养成与评估 | 9787515340777 | 32.00 |
| | 成为顶尖教师的10项修炼（中国教育新闻网2015年度"影响教师的100本书"） | 9787515334066 | 35.00 |
| ★ | T. E. T. 教师效能训练：一个已被证明能让所有年龄学生做到最好的培训项目（30周年纪念版）（中国教育新闻网2015年度"影响教师的100本书"） | 9787515332284 | 49.00 |
| | 教学需要打破常规：全世界最受欢迎的创意教学法（中国教育新闻网2015年度"影响教师的100本书"） | 9787515331591 | 33.00 |
| | 10天卓越教师自我培训（教育家安奈特·布鲁肖顶尖卓越教师培训教材） | 9787515329925 | 29.00 |
| | 给幼儿教师的100个创意：幼儿园班级设计与管理 / 为幼升小做准备 | 9787515330310等 | 58.00 |
| | 给小学教师的100个创意：发展思维能力 | 9787515327402 | 29.00 |
| | 给中学教师的100个创意：<br>如何激发学生的天赋和特长 / 杰出的教学 / 快速改善学生课堂表现 | 9787515330723等 | 87.90 |
| | 以学生为中心的翻转教学11法 | 9787515328386 | 29.00 |
| | 如何使教师保持职业激情 | 9787515305868 | 29.00 |
| ★ | 如何培训高效能教师：来自全美权威教师培训项目的建议 | 9787515324685 | 32.00 |
| | 良好教学效果的12试金石：每天都需要专注的事情清单 | 9787515326283 | 29.90 |
| ★ | 让每个学生主动参与学习的37个技巧 | 9787515320526 | 28.00 |
| | 给教师的40堂培训课：教师学习与发展的最佳实操手册 | 9787515352787 | 39.90 |
| | 提高学生学习效率的9种教学方法 | 9787515310954 | 27.80 |
| ★ | 优秀教师的课堂艺术：唤醒快乐积极的教学技能手册 | 9787515342719 | 26.00 |
| ★ | 万人迷老师养成宝典（第2版）（入选《中国教育报》"2010年影响教师的100本书"） | 9787515342702 | 29.00 |
| | 高效能教师的9个习惯 | 9787500699316 | 26.00 |
| | **课堂教学/课堂管理** | | |
| | 跨学科项目式教学：通过"+1"教学法进行计划、管理和评估 | 9787515361086 | 49.00 |
| | 课堂上最重要的56件事 | 9787515360775 | 35.00 |
| ★ | 全脑教学与游戏教学法 | 9787515360690 | 39.00 |
| ★ | 深度教学：运用苏格拉底式提问法有效开展备课设计和课堂教学 | 9787515360591 | 49.90 |
| ★ | 一看就会的课堂设计：三个步骤快速构建完整的课堂管理体系 | 9787515360584 | 39.90 |
| | 如何有效激发学生学习兴趣 | 9787515360577 | 38.00 |
| | 如何解决课堂上最关键的9个问题 | 9787515360195 | 49.00 |
| | 多元智能教学法：挖掘每一个学生的最大潜能 | 9787515359885 | 39.90 |
| ★ | 探究式教学：让学生学会思考的四个步骤 | 9787515359496 | 39.00 |
| | 课堂提问的技术与艺术 | 9787515358925 | 49.00 |
| | 如何在课堂上实现卓越的教与学 | 9787515358321 | 49.00 |

| 书名 | 书号 | 定价 |
| --- | --- | --- |
| 基于学习风格的差异化教学 | 9787515358437 | 39.90 |
| ★ 如何在课堂上提问：好问题胜过好答案 | 9787515358253 | 39.00 |
| ★ 高度参与的课堂：提高学生专注力的沉浸式教学 | 9787515357522 | 39.90 |
| 让学习变得有趣 | 9787515357782 | 39.00 |
| ★ 如何利用学校网络进行项目式学习和个性化学习 | 9787515357591 | 39.90 |
| 基于问题导向的互动式、启发式与探究式课堂教学法 | 9787515356792 | 49.00 |
| 如何在课堂中使用讨论：引导学生讨论式学习的60种课堂活动 | 9787515357027 | 38.00 |
| 如何在课堂中使用差异化教学 | 9787515357010 | 39.90 |
| ★ 如何在课堂中培养成长型思维 | 9787515356754 | 39.90 |
| 每一位教师都是领导者：重新定义教学领导力 | 9787515356518 | 39.90 |
| ★ 教室里的1-2-3魔法教学：美国广泛使用的从学前到八年级的有效课堂纪律管理 | 9787515355986 | 39.90 |
| 如何在课堂中使用布卢姆教育目标分类法 | 9787515355658 | 39.00 |
| 如何在课堂上使用学习评估 | 9787515355597 | 39.00 |
| 7天建立行之有效的课堂管理系统：以学生为中心的分层式正面管教 | 9787515355269 | 29.90 |
| 积极课堂：如何更好地解决课堂纪律与学生的冲突 | 9787515354590 | 38.00 |
| 设计智慧课堂：培养学生一生受用的学习习惯与思维方式 | 9787515352770 | 39.00 |
| 追求学习结果的88个经典教学设计：轻松打造学生积极参与的互动课堂 | 9787515353524 | 39.00 |
| 从备课开始的100个课堂活动设计：创造积极课堂环境和学习乐趣的教师工具包 | 9787515353432 | 33.80 |
| 老师怎么教，学生才能记得住 | 9787515353067 | 48.00 |
| 多维互动式课堂管理：50个行之有效的方法助你事半功倍 | 9787515353395 | 39.80 |
| 智能课堂设计清单：帮助教师建立一套规范程序和做事方法 | 9787515352985 | 49.90 |
| 提升学生小组合作学习的56个策略：让学生变得专注、自信、会学习 | 9787515352954 | 29.90 |
| 快速处理学生行为问题的52个方法：让学生变得自律、专注、爱学习 | 9787515352428 | 39.00 |
| 王牌教学法：罗恩·克拉克学校的创意课堂 | 9787515352145 | 39.80 |
| 让学生快速融入课堂的88个趣味游戏：让上课变得新颖、紧凑、有成效 | 9787515351889 | 39.00 |
| ★ 如何调动与激励学生：唤醒每个内在学习者（李希贵校长推荐全校教师研读） | 9787515350448 | 39.80 |
| 合作学习技能35课：培养学生的协作能力和未来竞争力 | 9787515340524 | 45.00 |
| 基于课程标准的STEM教学设计：有趣有料有效的STEM跨学科培养教学方案 | 9787515349879 | 68.00 |
| 如何设计教学细节：好课堂是设计出来的 | 9787515349152 | 39.00 |
| 15秒课堂管理法：让上课变得有料、有趣、有秩序 | 9787515348490 | 33.80 |
| 混合式教学：技术工具辅助教学实操手册 | 9787515347073 | 39.80 |
| 从备课开始的50个创意教学法 | 9787515346618 | 29.00 |
| 中学生实现成绩突破的40个引导方法 | 9787515345192 | 33.00 |
| 给小学教师的100个简单的科学实验创意 | 9787515342481 | 39.00 |
| 老师如何提问，学生才会思考 | 9787515341217 | 33.80 |
| 教师如何提高学生小组合作学习效率 | 9787515340340 | 29.00 |
| 卓越教师的200条教学策略 | 9787515340401 | 35.00 |
| 中小学生执行力训练手册：教出高效、专注、有自信的学生 | 9787515335384 | 33.80 |
| 从课堂开始的创客教育：培养每一位学生的创造能力 | 9787515342047 | 33.00 |

| | 书名 | 书号 | 定价 |
|---|---|---|---|
| | 提高学生学习专注力的8个方法：打造深度学习课堂 | 9787515333557 | 35.00 |
| | 改善学生学习态度的58个建议 | 9787515324067 | 25.00 |
| ★ | 全脑教学（中国教育新闻网2015年度"影响教师的100本书"） | 9787515323169 | 38.00 |
| ★ | 全脑教学与成长型思维教学：提高学生学习力的92个课堂游戏 | 9787515349466 | 39.00 |
| ★ | 哈佛大学教育学院思维训练课 | 9787515325101 | 36.00 |
| | 完美结束一堂课的35个好创意 | 9787515325163 | 28.00 |
| | 如何更好地教学：优秀教师一定要知道的事（被英国教育界奉为圣经的教学用书） | 9787515324609 | 36.00 |
| | 带着目的教与学 | 9787515323978 | 28.00 |
| ★ | 美国中小学生社会技能课程与活动（学前阶段/1-3年级/4-6年级/7-12年级） | 9787515322537等 | 153.80 |
| | 彻底走出教学误区：开启轻松智能课堂管理的45个方法 | 9787515322285 | 28.00 |
| | 破解问题学生的行为密码：如何教好焦虑、逆反、孤僻、暴躁、早熟的学生 | 9787515322292 | 36.00 |
| | 13个教学难题解决手册 | 9787515320502 | 28.00 |
| ★ | 让学生爱上学习的165个课堂游戏 | 9787515319032 | 39.00 |
| | 美国学生游戏与素质训练手册：培养孩子合作、自尊、沟通、情商的103种教育游戏 | 9787515325156 | 49.00 |
| | 老师怎么说，学生才会听 | 9787515312057 | 28.00 |
| | 快乐教学：如何让学生积极与你互动（入选《中国教育报》"影响教师的100本书"） | 9787500696087 | 29.00 |
| ★ | 老师怎么教，学生才会提问 | 9787515317410 | 29.00 |
| ★ | 快速改善课堂纪律的75个方法 | 9787515313665 | 28.00 |
| ★ | 教学可以很简单：高效能教师轻松教学7法 | 9787515314457 | 39.00 |
| ★ | 好老师可以避免的20个课堂错误（入选《中国教育报》"影响教师的100本图书"） | 9787500688785 | 39.90 |
| ★ | 好老师应对课堂挑战的25个方法（《给教师的101条建议》作者新书） | 9787500699378 | 25.00 |
| ★ | 好老师激励后进生的21个课堂技巧 | 9787515311838 | 39.80 |
| ★ | 开始和结束一堂课的50个好创意 | 9787515312071 | 29.80 |
| | 好老师因材施教的12个方法（美国著名教师伊莉莎白"好老师"三部曲） | 9787500694847 | 22.00 |
| ★ | 如何打造高效能课堂（美国《学习》杂志"教师必选"奖，"激励教师组织"推荐书目） | 9787500680666 | 29.00 |
| | 合理有据的教师评价：课堂评估衡量学生进步 | 9787515330815 | 29.00 |
| | **班主任工作/德育** | | |
| ★ | 北京四中8班的教育奇迹 | 9787515321608 | 36.00 |
| ★ | 师德教育培训手册 | 9787515326627 | 29.80 |
| | 中小学教师职业道德培训手册：师德的定义、养成与评估 | 9787515340777 | 32.00 |
| ★ | 好老师征服后进生的14堂课（美国著名教师伊莉莎白"好老师"三部曲） | 9787500693819 | 39.90 |
| | 优秀班主任的50条建议：师德教育感动读本（《中国教育报》专题推荐） | 9787515305752 | 23.00 |
| | **学校管理/校长领导力** | | |
| ★ | 学校管理最重要的48件事 | 9787515361055 | 39.80 |
| | 重新设计学习和教学空间：设计利于活动、游戏、学习、创造的学习环境 | 9787515360447 | 49.90 |
| | 重新设计一所好学校：简单、合理、多样化地解构和重塑现有学习空间和学校环境 | 9787515356129 | 49.00 |
| | 让樱花绽放英华 | 9787515355603 | 79.00 |
| | 学校管理者平衡时间和精力的21个方法 | 9787515349886 | 29.90 |
| | 校长引导中层和教师思考的50个问题 | 9787515349176 | 29.00 |

| 书名 | 书号 | 定价 |
| --- | --- | --- |
| 如何定义、评估和改变学校文化 | 9787515340371 | 29.80 |
| 优秀校长一定要做的18件事（入选《中国教育报》“2009年影响教师的100本书”） | 9787515342733 | 26.00 |
| **学科教学/教科研** | | |
| 北京四中语文课：千古文章 | 9787515360973 | 59.00 |
| 北京四中语文课：亲近经典 | 9787515360980 | 59.00 |
| 从备课开始的56个英语创意教学：快速从小白老师到名师高手 | 9787515359878 | 49.90 |
| 美国学生写作技能训练 | 9787515355979 | 39.90 |
| 《道德经》妙解、导读与分享（诵读版） | 9787515351407 | 49.00 |
| 京沪穗江浙名校名师联手教你：如何写好中考作文 | 9787515356570 | 49.90 |
| 京沪穗江浙名校名师联手授课：如何写好高考作文 | 9787515356686 | 49.80 |
| ★ 人大附中中考作文取胜之道 | 9787515345567 | 39.80 |
| ★ 人大附中高考作文取胜之道 | 9787515320694 | 33.80 |
| ★ 人大附中学生这样学语文：走近经典名著 | 9787515328959 | 33.80 |
| 四界语文（中国教育报2017年度“教师喜爱的100本书”） | 9787515348483 | 49.00 |
| 让小学一年级孩子爱上阅读的40个方法 | 9787515307589 | 39.90 |
| 让学生爱上数学的48个游戏 | 9787515326207 | 26.00 |
| 轻松100 课教会孩子阅读英文 | 9787515338781 | 88.00 |
| **情商教育/心理咨询** | | |
| 9节课，教你读懂孩子：妙解亲子教育、青春期教育、隔代教育难题 | 9787515351056 | 39.80 |
| ★ 学生版盖洛普优势识别器（独一无二的优势测量工具） | 9787515350387 | 169.00 |
| 与孩子好好说话（获“美国国家育儿出版物（NAPPA）金奖”，沟通圣经） | 9787515350370 | 39.80 |
| 中小学心理教师的10项修炼 | 9787515309347 | 36.00 |
| ★ 别和青春期的孩子较劲（增订版）（入选《中国教育报》“2009年影响教师的100本书”） | 9787515343075 | 28.00 |
| ★ 100条让孩子胜出的社交规则 | 9787515327648 | 28.00 |
| 守护孩子安全一定要知道的17个方法 | 9787515326405 | 32.00 |
| **幼儿园/学前教育** | | |
| 用蒙台梭利教育法开启0～6岁男孩潜能 | 9787515361222 | 45.00 |
| 德国幼儿的自我表达课：不是孩子爱闹情绪，是她/他想说却不会说！ | 9787515359458 | 59.00 |
| 德国幼儿教育成功的秘密：<br>近距离体验德国学前教育理念与幼儿园日常活动安排 | 9787515359465 | 49.80 |
| 美国儿童自然拼读启蒙课：至关重要的早期阅读训练系统 | 9787515351933 | 49.80 |
| 幼儿园30个大主题活动精选：让工作更轻松的整合技巧 | 9787515339627 | 39.80 |
| ★ 美国幼儿教育活动大百科：3-6岁儿童学习与发展指南用书<br>科学 / 艺术 / 健康与语言 / 社会 | 9787515324265等 | 600.00 |
| 蒙台梭利早期教育法：3-6岁儿童发展指南（理论版） | 9787515322544 | 29.80 |
| 蒙台梭利儿童教育手册：3-6岁儿童发展指南（实践版） | 9787515307664 | 33.00 |
| ★ 自由地学习：华德福的幼儿园教育 | 9787515328300 | 29.90 |
| 赞美你：奥巴马给女儿的信 | 9787515303222 | 36.00 |
| 史上最接地气的幼儿书单 | 9787515329185 | 39.80 |

| 书名 | 书号 | 定价 |
| --- | --- | --- |
| **教育主张/教育视野** | | |
| 基于七个习惯的自我领导力教育设计：让学校育人更有道，让学生自育更有根 | 9787515362809 | 69.00 |
| 终身学习：让学生在未来拥有不可替代的决胜力 | 9787515360560 | 49.90 |
| 颠覆性思维：为什么我们的阅读方式很重要 | 9787515360393 | 39.90 |
| 如何教学生阅读与思考：每位教师都需要的阅读训练手册 | 9787515359472 | 39.00 |
| “互联网+”时代，如何做一名成长型教师 | 9787515340302 | 29.90 |
| 教出阅读力 | 9787515352800 | 39.90 |
| 为学生赋能：当学生自己掌控学习时，会发生什么 | 9787515352848 | 33.00 |
| 如何用设计思维创意教学：风靡全球的创造力培养方法 | 9787515352367 | 39.80 |
| 如何发现孩子：实践蒙台梭利解放天性的趣味游戏 | 9787515325750 | 32.00 |
| 如何学习：用更短的时间达到更佳效果和更好成绩 | 9787515349084 | 49.00 |
| 教师和家长共同培养卓越学生的10个策略 | 9787515331355 | 27.00 |
| ★ 如何阅读：一个已被证实的低投入高回报的学习方法 | 9787515346847 | 39.00 |
| ★ 芬兰教育全球第一的秘密（钻石版）(《中国教育报》等主流媒体专题推荐，台湾地区教育类畅销书榜第一名) | 9787515359922 | 59.00 |
| 世界最好的教育给父母和教师的45堂必修课（《芬兰教育全球第一的秘密》2） | 9787515342696 | 28.00 |
| ★ 杰出青少年的7个习惯（精英版）(中小学图书馆推荐书目、中国青少年必读书目) | 9787515342672 | 39.00 |
| 杰出青少年的7个习惯（成长版） | 9787515335155 | 29.00 |
| ★ 杰出青少年的6个决定（领袖版）(中小学图书馆推荐书目、中国青少年必读书目、全国优秀出版物奖) | 9787515342658 | 28.00 |
| ★ 7个习惯教出优秀学生（第2版）(全球第一畅销书《高效能人士的七个习惯》教师版) | 9787515342573 | 39.90 |
| 学习的科学：如何学习得更好更快（入选中国教育网2016年度“影响教师的100本书”） | 9787515341767 | 39.80 |
| 杰出青少年构建内心世界的5个坐标（中国青少年成长公开课） | 9787515314952 | 59.00 |
| ★ 跳出教育的盒子（第2版）(美国中小学教学经典畅销书) | 9787515344676 | 35.00 |
| 夏烈教授给高中生的19场讲座（入选《中国教育报》“2013年最受教师欢迎的100本书”） | 9787515318813 | 29.90 |
| ★ 学习之道：美国公认经典学习书 | 9787515342641 | 39.00 |
| ★ 翻转学习：如何更好地实践翻转课堂与慕课教学（中国教育新闻网2015年度“影响教师的100本书”） | 9787515334837 | 32.00 |
| ★ 翻转课堂与慕课教学：一场正在到来的教育变革 | 9787515328232 | 26.00 |
| 翻转课堂与混合式教学：互联网+时代，教育变革的最佳解决方案 | 9787515349022 | 29.80 |
| 翻转课堂与深度学习：人工智能时代，以学生为中心的智慧教学 | 9787515351582 | 29.80 |
| ★ 奇迹学校：震撼美国教育界的教学传奇（中国教育新闻网2015年度“影响教师的100本书”） | 9787515327044 | 36.00 |
| ★ 学校是一段旅程：华德福教师1-8年级教学手记 | 9787515327945 | 32.00 |
| ★ 高效能人士的七个习惯（30周年纪念版）(全球畅销书) | 9787515360430 | 79.00 |

**您可以通过如下途径购买：**

1. 书　　店：各地新华书店、教育书店。
2. 网上书店：当当网（www.dangdang.com）、亚马逊中国网（www.amazon.cn）、天猫（zqwts.tmall.com）
　　　　　　京东网（www.360buy.com）。
3. 团　　购：各地教育部门、学校、教师培训机构、图书馆团购，可享受特别优惠。

购书热线：010-65511270 / 65516873